地場ものづくりブランドの
感性マーケティング

山梨・勝沼醸造、新潟・朝日酒造、
山形・オリエンタルカーペット、山形・佐藤繊維

長沢伸也 編

推薦の辞　～アルビオン提携講座の狙い～

本書は早稲田大学ビジネススクール（ＷＢＳ）で開講されている株式会社アルビオン提携講座「感性マーケティング論」で招聘したゲスト講師による講義録です。

本シリーズでは私自身も登場しましたので、おこがましい限りではございますが、推薦の辞を申し上げます。

「感性マーケティング論」は、私ども株式会社アルビオンの寄附講座として２０１２年度より開講し、２０１５年度より提携講座と改称しております。以来、私も一講師として皆様の前でお話をする機会をいただいております。本講座の受講生の皆様はすでに社会でご活躍されている優秀な方ばかりですが、さらなる意欲や熱意に満ちたまなざしに、毎回私の方が身の引き締まる思いです。とても有意義な時間を与えていただいていることに大変感謝しております。

私どもの会社は化粧品メーカーです。講義の中でもお伝えしていますが、化粧品ビジネスとは心のビジネスだと常々思っています。私どもの化粧品を買ったお客様に夢や感動を与えられる会社でありたい。そのためにも、感性に訴える商品づくりがとても大事になってきます。容器のデザインや色、形、美容液やファンデーションの感触、香り…。化粧品ですから美容理論はもちろん大前提としてありますが、お客様の感性に響く商品でなければ選んでいただけないのが実情です。ですから、日ごろ私の会社のメンバーには、まず自らの感性を磨いてほしいと伝えています。たとえば美術展に行く、舞台を観る、一流ブランドのブティックに入る。お金をかけるということではなく、その場にいるだけでも何かを感じることができると思うのです。一流に触れることで感性を磨いてほしいと思っていますし、私自身も常に感性を磨く努力をしています。

感性を理論づけるのは、とても難しいことかもしれません。それでも、この講座を通して何かヒントを見つけていただければと思っています。多くのものや多くの人と接して話を聞くことも非常に重要なことであり、それこそが本講座の狙いでもあります。感性あふれるさまざまな一流の商品に触れ、その企業を代表する方々から直接お話を伺えるこの講座は、ほかにはない、まさに社会人が学ぶビジネススクールにふさわしい講座であると自負しています。

講座開設から出版まで細部にわたってご尽力いただいております長沢伸也教授、ならびにご多忙ななかご登壇いただいた経営者の皆様に、心から感謝の意を表します。それとともに、手前味噌ですが、このようにユニークかつ素晴らしい本講座をＷＢＳ受講生だけが享受できるのではもったいないと思います。

今回の出版を通じて本講座が社会に広く知られていくことを心より願っております。

株式会社アルビオン　代表取締役社長　小林　章一

はじめに

●本書の概要

本書は早稲田大学ビジネススクール（ＷＢＳ）で開講されている株式会社アルビオン提携講座「感性マーケティング論」で、２０１５～17年度に招聘したゲスト講師による講義のうち、地場ものづくりブランドのトップ４人によるゲスト講義の講義録です。

そして、〝感性に訴える製品づくり、感性に訴えるブランドづくり〟＝感性マーケティングの道を探り、これからの日本企業のものづくりやブランド構築に示唆を与える書です。

本書で取り上げる４社は、いずれも地場に所在する中小企業です。一般に地場の中小企業というと、売上も右肩下がり、後継者もいない、グローバル化どころか全国区にもなれず、衰退の一途を辿っているというイメージが強いと思います。しかし、本書で取り上げる４社は元気です。しかも、いずれも「高くても売れる」、「熱烈なファンが大勢いる」、「ブランドとして日本で、世界で通用する」、「感性に訴える」という特徴があります。

ブランディングでも、「ブランディングとは世界に通ずるものづくり」（勝沼醸造）、「ブランディングとは価値づくり」（朝日酒造）、「ブランディングとはコトづくり」（オリエンタルカーペット）、「ブランディングとは真似をしないこと」（佐藤繊維）と、それぞれ独自のブランド戦略で成功しています。そして、いずれも日本的な文化や感性や価値観に基づく商品開発・管理、さらには「日本」発のブランド創造の道筋を示しています。

「日本」発のブランド創造こそが、日本企業の喫緊の課題であることに疑いがありません。「価値とは、人の心を打つ度合い。世界一高い製造コストより高い価値をつくる」（勝沼醸造・有賀社長）、「商品は、メーカーが造って小売店に届けた段階では単なる在庫品。店頭で店主から情報の付加価値が付けられて初めて商品として完成する」（朝日酒造・細田社長）、「良いものだけでは売れない。ものづくりの背景や想い、職人の技術を伝える『コトづくり』がわれわれのブランディング」（オリエンタルカーペット・渡辺社長）、「アメリカの教科書に書いてある戦略は正しい。でも俺には合わない」（佐藤繊維・佐藤社長）といった経営者自らの言葉の迫力と相俟って、多くのビジネスパーソンのご参考になると確信しております。

●本書の成立経緯

早稲田大学ビジネススクールでは、ビジネス界と密接に連携した教育・研究に注力しており、その取組みの一環として、座学だけではなく、それぞれの立場でご活躍の実務経験者や第一線の研究者の方にゲスト講師としてご登壇いただいております。講義録としては、

・『感性マーケティングの実践――早稲田大学ビジネススクール講義録～アルビオン、一澤信三郎帆布、末富、虎屋　各社長が語る』（同友館、2013年）
・『ジャパン・ブランドの創造――早稲田大学ビジネススクール講義録～クールジャパン機構社長、ソメスサドル会長、良品計画会長が語る』（同友館、2014年）
・『アミューズメントの感性マーケティング――早稲田大学ビジネススクール講義録～エポック社社長、スノーピーク社長、松竹副社長が語る』（同友館、2015年）
・『銀座の会社の感性マーケティング――日本香堂、壹番館洋服店、銀座ミツバチプロジェクト、アルビオン』（同友館、2018年）
・『ラグジュアリーブランディングの実際――3・1フィリップ リム、パネライ、オメガ、リシャール・ミルの戦略』（海文堂出版、2018年）

の5冊をこれまで刊行しております。

各年度でさまざまなゲスト講師をお招きしているなかで、編者が担当する講義科目「感性マーケティング論」では、勝沼醸造株式会社 代表取締役社長 有賀雄二氏ならびに朝日酒造株式会社 代表取締役社長 細田康氏に2015年度、オリエンタルカーペット株式会社 代表取締役社長 渡辺博明氏ならびに佐藤繊維株式会社 代表取締役社長 佐藤正樹氏に2017年度、それぞれご登壇いただきました。本書は、そのゲスト講師による講義と受講生との質疑応答を収録しており、ゲスト講師の講義録としては6冊目になります。

ただし、出版に際して、講義部分および質疑応答ともに、各登壇者と各企業の広報ご担当様やゲスト講師と編者による加除修正を行っています。

●各社長とのご縁

勝沼醸造 有賀雄二社長は、日本感性工学会感性商品研究部会幹事でワインに造詣が深い山梨大学 木下雄一朗准教授のご紹介で、同部会第55回研究会（2015年6月）フィールドワークで勝沼醸造ワイナリーを見学した際に自らアテンドいただきました。「価値とは心を打つ度合い」など有賀社長のお言葉は参加者一同、「これぞ感性商品だ」と感銘を受け、第17回感性工学会大会 感性商品研究部会企画セッションで招待講演いただきました。

朝日酒造 細田康社長は、ゼミ生（当時）の西村修君を帯同して本社へ取材に伺った際に自ら説明いただきました。同君の専門職学位論文は『地場産業の高価格ブランド戦略――朝日酒造・スノーピーク・ゼニス・ウブロに見る感性価値創造』（晃洋書房）に結実し、第30回全国久保田会総会での記念講演者に編者が推挙されるというご縁もできました。

オリエンタルカーペット 渡辺博明社長は、ゼミ生（当時）の矢野豊子君を帯同して同社東京支店を訪問してお話を伺いました。編者はその後、山形県山辺町の同社本社工場を見学に行き、渡辺社長と職人の方々の情熱に感銘を受けました。

山形県寒河江市の佐藤繊維本社工場を2回訪ねたものの、いずれも佐藤正樹社長は海外出張でお会いできませんでした。しかし、一時代前の織機がずらりと並ぶ工場や直営ショップを興味深く見学しましたし、お父様の佐藤安男会長から「先生の学説は当社にピッタリ。息子にぜひ会わせたい」と太鼓判をいただきました。そこでゲスト講義をお願いしたところ快諾いただき、当日は初対面だったにもかかわらず意気投合した次第です。

このように多くの方々とのご縁で各社長との知遇を得てゲスト講義、そして本書につながっています。ご縁を取り持っていただきましたすべての方々に厚くお礼申し上げます。

●おことわりと謝辞

本書の企画と編纂および質疑応答の質問部分の校正は編者があたり、講義部分と質疑応答の回答部分の校正は各講演者があたりましたが、内容や構成は編者がその責めを負っていることは言うまでもありません。また、各講演者が語った珠玉の言葉を収録していますが、話し言葉と文字とのニュアンスの差異や、間・雰囲気が伝わりきれていなかったり損なっていたりしたとすれば、編者の力量の限界です。また、諸般の事情により、出版まで時間が経過してしまったご講演については、内容やデータを最新のものに更新しました。

本書が成立する直接のきっかけとなった「感性マーケティング論」は、前述のとおり、株式会社アルビオンの提携講座です。ご寄附を賜りました上に自らご講義いただいておりますす同社代表取締役 小林章一社長ならびにWBSのOBでもある染谷高士常務取締役に厚く御礼申し上げます。染谷常務取締役は、編者と杉本香七非常勤講師とともに共同で「感性マーケティング論」を担当していただいております。

末筆になりましたが、お忙しいなか、ゲスト講師招聘に応じてご出講いただきました有賀雄二社長、細田康社長、渡辺博明社長、佐藤正樹社長に深甚なる謝意を表します。また、各企業の広報ご担当のみなさま、特に勝沼醸造株式会社 大沢知子様、佐藤繊維株式会社鈴木彩香様には、写真のご提供やご講演原稿を細部にわたり確認いただきました。さらに講義を熱心に聴講し、活発に質問したＷＢＳの受講生の諸君のご協力あっての本書であり、深く感謝しています。ゲスト講義の写真撮影と録音はＷＢＳ長沢ゼミ生ならびにゼミＯＢ和田直顕氏と川村亮太氏にそれぞれご尽力いただきました。また、本書は、同友館　鈴木良二出版部長のご尽力により形になりました。ここに厚く御礼申し上げます。

本書を通じて、地場ものづくりブランドの感性マーケティングと本講座が広く知られることとなり、これからの日本企業のものづくりやブランド構築のヒントになれば幸甚です。

２０１８年師走　都の西北にて

編者　長沢　伸也

なお、本書は平成30年度日本学術振興会科学研究費補助金基盤研究（Ｂ）１８Ｈ００９０８の補助を受けた。

目次

1 勝沼醸造株式会社

――甲州ワイン「アルガブランカ」：ブランディングとは世界に通ずるものづくり

目次

2 朝日酒造株式会社
――銘酒「久保田」：ブランディングとは価値づくり

3 オリエンタルカーペット株式会社
――山形緞通：ブランディングとはコトづくり

4 佐藤繊維株式会社
――世界最細モヘア糸：ブランディングとは真似をしないこと

1

勝沼醸造株式会社
――甲州ワイン「アルガブランカ」：ブランディングとは世界に通ずるものづくり

ゲスト講師：勝沼醸造株式会社　代表取締役社長　有賀雄二氏
開催形態：早稲田大学ビジネススクール「感性マーケティング論」〈第9回〉
日　時：2015年10月26日
会　場：早稲田大学早稲田キャンパス3号館601号室
対　象：WBS受講生
音声起こし：川村亮太（WBS長沢ゼミ生、質疑応答を除く）

●会社概要●

勝沼醸造株式会社

代表取締役社長：有賀雄二
設　　立：1949年(昭和24年)、創　　業：1937年(昭和12年)
資 本 金：4,700万円
売 上 高：６億円
従 業 員：20名
本社所在地：

本社・金山ワイナリー
〒409-1313 山梨県甲州市勝沼町下岩崎371
TEL 0553(44)0069　FAX 0553(44)0172

金川ワイナリー
〒405-0064 山梨県笛吹市一ノ宮町塩田1720
TEL 0553(47)3232　FAX 0553(47)0012

関連会社　有限会社勝沼倶楽部(レストランテ風)
〒409-1313 山梨県甲州市勝沼町下岩崎2171
TEL 0553(44)3325　FAX 0553(44)3382

有賀《あるが》 雄二《ゆうじ》　略歴

1955年生まれ。東京農業大学農学部醸造学科卒業。1978年４月、勝沼醸造株式会社入社。1988年５月、専務取締役就任。1999年５月、代表取締役社長就任、現在に至る。山梨県ワイン酒造組合副会長。公益社団法人山梨法人会甲州支部長。勝沼ワイン協会会長。

【長沢】本日は甲州市から、勝沼醸造の有賀社長をお迎えしております。またまたゲスト講師。すごいねこの授業。（笑）先週も印傳屋上原勇七の上原社長で山梨。たまたま山梨続きですが、甲州にこだわって世界に飛躍するというお話をいただきたいと思います。

【有賀】みなさんどうもこんばんは。

では早速、始めたいと思います。（一同拍手）

【一同】こんばんは。

【有賀】長沢先生との出会いがありまして、本日のこのような機会につながったわけですけども、みなさんに私の方から、お役に立てるお話ができるかどうかちょっと心配がありますが、ワイン造りを通して私が今感じていることをお話させていただき、それが、みなさんの将来に何かお役に立てるようなことになればよいなということを願っています。

じゃあ早速ですけども始めさせていただきたいと思います。

ワイン造りの概念

資料１　和風建築のワイナリー

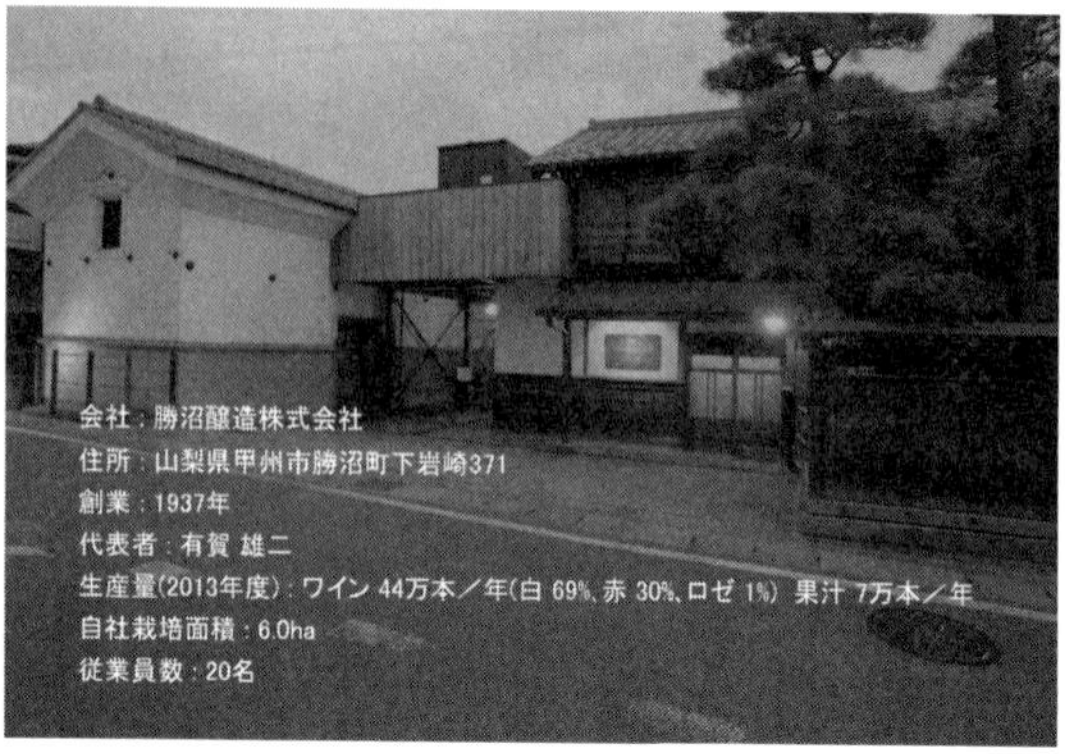

ワイン造りについて最近思いますのは、ワイン造りは製造業じゃなくてですね、やっぱり、ブランド事業であり、いかに「その土地と人に価値を付けられるか」ということに他ならないということを感じています。

これは私どものワイナリーの写真なんですけども、今や日本でも北海道から九州まで、各地でワインが造られるようになり多産地化が進みまして、ワイナリーの数は全国に２８０社くらいあるというふうにいわれています。しかし、まぁワインですから、ワイナリーの建物は、そのほとんどが洋風だと思います。しかし、ご覧のように、私どもはこんなふうに和風であります。これは、ちょっと今となっては誇りに思っています。といいますのも、私どもの創業は1937年。昭和12年ですが、私の祖父が製糸業を営む傍らワイン造りを始め、私で3代目になります。

私は、東京世田谷の東京農業大学に醸造科という酒造りを習う珍しい学科がありまして、そこでワイン造りについて勉強し、卒業と同時に入社し、当時の古参のお番頭さんと一緒にワイン造りを始めたというのが経緯です。

ワイン造りは伝統や歴史を生かすこと

ワインの先進地は、フランスをはじめヨーロッパですから、毎年のように行きました。ワイン醸造家やワイナリーのオーナーたちと話しますと、必ず出てくるのは先人たちのお話です。先代がとか先々代がという話をよくされ、それを聴いているうちに、いつかはフランスのシャトーのようなワイナリーにすることが夢だったのですが、そうではないなと。日本には日本ならではの伝統文化があり、私は幼少の頃からこの写真にあります今のこの会社（自宅）で育ったわけでして、家業がワイナリーでしたので、家業を何とかしないといけないという想いの中にワイン造りがありましたから、フランスの、あるいはヨーロッパの真似をすることではなく、伝統や歴史を生かすことが大事であるということに気づかされて、子供の頃に戻すことを目標にしたために、このような和風のワイナリーになっているわけです。今では、世界からワイン関係者が代わる代わる来日していますが、滞在の間に「日本のワイナリー見ませんか？」というようなお話があるのだと思います。私どもでは、畳のある部屋でワインテイスティングを行っていますので、皆さん日本の伝統文化を感じられる私どものワイナリーにご案内くださるということで、今となっては、ちょっと誇りに思っています。

経営規模と産地の歴史

次に、私どものワイナリーの経営規模ですが、これは２０１３年の数字ですけども、ワインを約44万本とブドウジュースを約７万本製造しています。合わせますと、51万本という量になりますが、皆さんご存じでしょうか？ ワインボトル一本作るのに、原料となるブドウがどのくらいの量が必要か？ 実は、きつく絞りますと75％程度の果汁を取ることができますので、まぁー、大まかにいえば約1キログラムあればできると考えればよいと思います。甲州ブドウは一房が２００グラムから２５０グラムですから、ワイン一本造るのに4房から5房のブドウが必要ということになります。

そうしますと、これを全部賄うとなりますと５１０トンのブドウが必要ということになります。それを、栽培面積に置き直しますとですね。海外では、ブドウは垣根式栽培が一般的ですよね。垣根式ですと1haから4トンから8トンの収穫が一般的です。それに対して日本では、棚式栽培が中心になっていますが、棚式ですと1haから10トンから20トン収穫しています。

仮に1haから10トンのぶどうを収穫したという計算をしますと、51haというようなことになります。それに対して、私どもの自社栽培面積というのは6haですから、自社栽培比率は、決して高いとはいえません。

これは、ワイン産地山梨のブドウは、仏教とともに中央アジアのコーカサス地方から伝来したといわれ、１０００年以上の歴史を持っています。また、日本のワイン造りは勝沼から二人の青年が１４０年前にフランスに研修に渡り本格化します。ですから、ワインとブドウに著しい歴史のギャップがあり、そのギャップは、当地では長い間ワイン用ブドウではなく生食用ブドウ栽培に傾注してきたということを物語っているわけでして。

つまり、今もワインを造る人とブドウを作る人が必ずしも同じ人ではなく、ブドウ栽培者から原料ブドウを譲っていただいてワインを造っているという構造が山梨のワイナリーの普通のスタイルになっているのです。そんな点から見ますと、逆に自社栽培面積６haというのは、山梨では大きいほうの分類になります。

白ワインと赤ワインの生産比率

これは、白ワインと赤ワインの生産比率を表していますが、実は現在の日本のワインマーケットでは、赤ワインの消費比率が６割を占めています。にもかかわらず、弊社は7割が白ワインということでして、これは後ほど詳しくお話していきますけども、どちらかといえば白ワインに特化したワイナリーであるということを示しています。

資料2　「ものづくり」は造り手の考え方や想いの表現

ビジョン

ものづくり
＝
造り手＝考え方・想い⇒表現

理　念
「世界を舞台にしたワイン造り」

　さて、ここで本日、皆様に一番のポイントとしてお伝えしたいのは、ワインに限らず、「ものづくりは造り手の考え方や想いの表現である」ということです。ですから、皆さんが普段からいろいろなモノを手にするわけですが、本来なら、その手にしたモノの生産者に共感したり、あるいは支持したりしているということになるわけでして。つまり、本当はわれわれの消費活動自体が、ちょっと大げさにいったら社会活動というか社会構築につながっているはずなのです。
　しかし、これだけ利便性の高い社会をつくってしまいますと、何でも簡単に入手することができるために、造り手の考え方や想いに賛同してそのモノを選んでいる、ということに、ちょっと無頓着になっているということがいえるんじゃないでしょうか。

ワイン造りの理念

資料3　日本のワイン造りの現状

1	全国のワイナリー266社（北海道→九州）多産地化
2	生産量が多い日本のワイン=無添加甘口赤ワイン
3	甘口赤ワインは製法上造れない
4	ワインと食の一体化の遅れ
5	幼稚なマーケットでの受け狙いに終始

また、その造り手の考え方や想いには、理念とか哲学に通ずるものがあるはずなんです。

私たちのワイン造りの理念は、「世界をマーケットにしたときに、日本といえるワインを造る」ことであります。

つまり、国際標準の品質と品格を備えたワインを造ることです。

先ほど、全国に、２８０社ほどのワイナリーがあるというお話をさせていただきましたが、そのすべてが同じような理念でワイン造りを行っているのかを考えますと、私はちょっと違うように思っています。

日本のワイン造りの現状を見ますと、一番生産量が多いワインが、酸化防止剤を使わない甘口の赤ワインであることに気づきます。しかし、ワインをよくご存じの方ならおわかりのように、赤ワインは製法上甘口が造れないのです。

白ワインと赤ワインの造り方

ここで、白ワインと赤ワインの作り方の違いをちょっと説明しますと、まず原料となるブドウに違いがあります。皮の黒いブドウが赤ワイン。皮が黒くないブドウが白ワインになります。また、白ワインはブドウを搾ってジュースだけを採り、アルコール発酵させます。発酵というのはブドウの持つ糖分を、酵母が二酸化炭素とアルコールに分解することを指します。

白ワインの場合は、果汁の持つ糖分を酵母がどれだけアルコールに変えるかによって甘辛度合いが自由に調整できるわけです。つまり糖分を最後まで残せば甘口のワインとなり、すべてをアルコールに分解すると辛口ワインになります。

しかし赤ワインは、皮の黒いブドウを使いますが、その皮の黒いブドウをただ搾るだけではジュースは赤くならず、透明で白いジュースしか採れないのです。どうやって赤い色素を抽出するかといいますと、ブドウごとタンクに入れ一緒に発酵させる必要があるのです。そのため、糖分がすべてアルコールになるまで完全に発酵を進めませんと、充分な赤い色素が抽出できないのです。

ですから、赤ワインは通常辛口のものだけしかないので、甘辛度合を表示する必要がなくなり、代わりにフルボディとかライトボディという表示が一般的になっているのです。

日本のワイン市場の現状

このように、製法上造れない甘口赤ワインの生産量がどうしてこのように多いのかと申しますと、実はそういうワインを求める市場ニーズに呼応した証しでもあり、メーカーはニーズの低いものを大量に生産するわけにはいきません。そんな状況からすると、日本のワイン市場は、まだまだ成熟した状態ではないということがいえるように思います。

また、この製法上造れない甘口赤ワインが市場には大量に流通しているわけですから、どんな造り方をしているか気になりますよね。簡単にこれを説明しますと、まず海外から濃縮した赤果汁を輸入し、それに水を入れて１００％に戻すことを還元といいます。そうしますとちょうど白ワインと同様な製法で造れるわけです。日本では、これもワインといっているのですが、海外では到底ワインといえるようなものではありません。

また、ワインは元来、食との関わりを楽しむものですから、甘口ですと食との関わりを邪魔してしまいますので、世界中では辛口ワインの消費が中心となっているのです。つまり、長い間、日本のワイン産業自体が幼稚なマーケットでの受け狙いに終始してきたといえるように思います。

ワインは国際商品、ブドウは1万種類以上

しかし、私どもでは先ほども申し上げましたように「世界に通ずるワインを造る」ことを目標にしています。じゃあ、そういうワインをどうやって造るかです。

実は世界には、1万種類以上のブドウの種類がありまして、どのブドウ品種でワインを

造ってもよいわけです。

しかしですね、問題はその産地の風土に、どのブドウ品種が適合するか？　その検証をしていくことをワイン造りといっているわけです。

また、もう一つ、世界のこの1万種類以上のブドウを大きく分けますと、2つに分けることができるのです。

一つは、中央アジアのコーカサス地方、カスピ海と黒海の間の辺り。この辺を原産とするブドウをヨーロッパ系品種（ヴィティス・ヴィニフェラ）といいます。

また、もう一つは北アメリカですね、アメリカ合衆国の西海岸地域、この辺を原産とするブドウをアメリカ系品種（ヴィティス・ラブルスカ）といいまして、大別しますと、ヨーロッパ系とアメリカ系に分けることができるのです。

実は、正確にはもう一つ、山ブドウのような東洋系のアムレンシス系という3つ目もあるのですが、この系統のものは、世界でいまだ知名度が低く、通常この2つに大別されるというふうにいわれています。

ヨーロッパ系品種のワイン用ブドウの自社栽培

ただ問題はですね、この「ヨーロッパ系品種でなければ良いワインができない」というのが、今や世界のワイン造りの常識になっているんですね。

ところが、こちらのヨーロッパ系ブドウ品種は、生食用ブドウを中心にした当地の在来種の中にはほとんどないんですね。逆に、このアメリカ系品種のデラウェアとかコンコードとかナイアガラ、アジロンダックというブドウ品種で造られたワインは、日本のワインマーケットに氾濫しています。なぜ、これがワインにするとダメかといいますと、ワインにしたときに実はアルデヒド系のすごく不快な香りが残るんですね。これを欧米ではフォキシーフレーバーといって非常に嫌うんです。

フォキシーフレーバーですから、直訳するとキツネ臭ということになるわけですけども。皆さん、キツネのにおいって嗅いだことあります？　僕もまだないですけども、今度、孫と一緒に動物園を訪れたらちょっと嗅いでみたいなとは思うんですが。

実は、毎年山梨県で日本ワインコンクールが開催されていますが、そこには海外の審査

資料4　ワイン専用品種の自社栽培に着手

[カベルネ・ソーヴィニヨン、メルロ、プチヴェルド、カベルネ・フラン、シャルドネ]

資料5　専用種栽培のテーマ

1　たとえ一樽でも最高のものを
（創業以来のテーマ）

2　日本の風土における最大の可能性の追求
（採算を考慮しない可能性の追求）

員も招聘しているんですね。彼らにこのアメリカ系品種のワインを提供しようとするとですね、「僕はそれは結構だ」と言ってですね、口にも運んでくれないんです。それほど嫌がられます。ですから、世界に通じるワインを造ろうということになりますと、こちらのヨーロッパ系品種に限られることになります。ところが、生食用のブドウ品種ではありませんので、山梨県ではほとんど栽培されていなかったんですね。

そこで、私どもでは1990年頃からワイン用ヨーロッパ系ブドウ品種の自社栽培を始めたのです。ここにありますように、カベルネ・ソーヴィニヨンとかメルロとかカベルネ・ブランとかシャルドネというような品種です。ご覧のようにヨーロッパのような垣根式栽培を取り入れています。

また、この栽培のテーマとしては、「たとえ一樽でも最高のものを造る」。

これは、実は私どものワイナリーの創業以来のテーマでもあります。

もう一つは、「日本の風土における最大の可能性」というような想いで、つまり、採算とか一切考えずに最高のワイン用ブドウを求めて懸命な取組みを今も行っています。

もう25年以上にわたってやってきたのですが、まぁ正直いってですね、ここでできるワインを仮にフランスのワイン醸造家に自慢してプレゼントできるような、そんなワインができたか訊かれましても、正直まだそこに至っていないですね。

ワイン造りとは

資料6　ワイン造りとは

1　人と自然の関わり
（産地の風土に向かい 限りない挑戦を繰り返し表す表現）

2　世界一高い農業コスト＝肯定化
（日本のワインは世界一コストが高い）

3　価値＝　驚きや感動　＞　コスト

今後も自社栽培による挑戦は続けていきますが、私たち自らこのワイン用ブドウ栽培に取り組んだことによってですね、「ワイン造りとは何か」ということについて再認識することができたんですね。

つまり、ワインというのは、「人と自然の関わり」自体をいっていたということに気づいたんですね。先ほどの中央アジアのコーカサス原産のワイン用ヨーロッパ系のブドウは、実は乾燥地帯に向いている品種なんですね。ところが、日本はブドウの生育期に雨量が多く、決して適地とはいえない条件の中で栽培を行うため、ブドウの一房一房に雨避けの笠を掛けて自然と向き合っているのです。

私が、申し上げるのも変ですが、日本でワインを造ること自体、実は無謀なんですね。世界中で、ワインが造られていますが、そこまでしている国がありますでしょうか？

そういう意味では、日本の風土よりもワイン用ブドウ栽培にとって好適地を世界に求めれば、いくらでもよい場所があるでしょう。ましてや事業というのは効率化を求めるものですから、効率だけで選んだら、その好適地でワインを造るべきでしょう。しかし、その場所で造っても、それは到底日本のワインということにはなりません。

つまり、日本のワインというのは、私たちが、その産地の風土と向かい合い、懸命に挑戦して工夫し、表現しているからこそ日本ワインといえるものになっているのです。

コストより高い価値を

皆さん、日本ではブドウの一房一房に笠紙を掛けているのをご存じですか？　実は、ワイン用ブドウもできれば笠紙を付けたほうがよいのです。世界広しといえどもブドウの一房一房に笠紙を付ける国があるでしょうか？

そうしますと、必然的に日本のワイナリーは、世界一高い農業コストの肯定化を強いられることになります。それでは、すでに市場競争力がないという話につながると思うんですが、そこで気づいたのは、価値というのは、コストで決まるわけではないということです。つまり、お客様の心を打つ度合いのことを価値といっているわけですから、このコストよりもお客様の心を打つ度合いが大きければ成り立つということですよね。

もう一つ、ワインは、ワインだけをもってして価値を見出すものではなく、食との関わりをもってして見出すものですから、日本の風土でできたワインがどんな食と寄り添って、世界の人の心を打てるかに他ならないということになります。

そこで、日本の風土に適した栽培品種となりますと、やっぱり在来種の「甲州」に目をやることになるわけですね。

日本固有のブドウ品種「甲州」

皆さん、この甲州というブドウをご存じだったでしょうか?　山梨の古地名も甲州といいますし、このブドウの品種も甲州といいますので、ちょっと厄介なことになっているんですね。甲州の赤くださいとおっしゃるお客様もいらっしゃいます。それは、甲州を山梨っていうふうに捉えていると思うんですね。でも、ワインの中に甲州って出てきましたら、それはブドウ品種のことなんです。

で、この土地名とブドウ品種の名前が一緒という理由はですね、それだけこのブドウの歴史が長いっていうことにつながるわけです。いわゆる甲州といえばブドウといっているうちに、甲州となった可能性が高いですよね。私が、子供の頃はほかに本州とか本ブドウと呼ばれていたことを記憶しています。その歴史は、私どもの勝沼町の東に、大善寺という国宝のお寺があるのですが、そこの薬師如来像がこのようにブドウを携えているんです。718年にこの寺を仏教僧の行基っていう人が開いたので、どうもその頃このブドウは薬として伝えられたんじゃないかという説が有力なんですね。

まあ、もう一つの説としては、雨宮勘解由《あめみやかげゆ》という方が、岩崎山の山中で山葡萄の変形種を見つけた、という説もあってですね。実は、1000年以上も前の話ですから、正確な根拠はありませんでした。

資料7　唯一のヨーロッパ系品種「甲州」

当地で栽培され1,000年以上の歴史を有す

資料8　大善寺（国宝）と薬師如来像

世界に通ずる甲州ワイン

しかし、最近ではＤＮＡ鑑定ができるようになってですね。カリフォルニア大学や広島県に酒類総合研究所という国税庁の機関があるのですが、そこで甲州のＤＮＡ鑑定をしたところ、71％がヨーロッパ系、いわゆる中央アジアのコーカサス地方が原産だったということが証明されてるんですね。ですから現在では、北海道から九州まで日本でも各地でワインが造られるようになり、さまざまなブドウ品種でワインが造られていますが、在来種の中では唯一ヨーロッパ系のブドウ品種であり、しかもリスキーな日本の風土で１０００年以上前から栽培されてきた日本固有のブドウ品種であることを考えますと、「甲州」でのワイン造りは特段の意味があると思うのです。

この「甲州種から世界に通ずるワインを造ろう」というのは、私たち山梨のワイン醸造家の共通した長年の夢だったかもしれません。

先ほどの説明のように、ブドウを搾ってジュースを作ると75％くらい採れます。問題は、ブドウの持つ糖分なのです。ワインのアルコールは、通常11％前後あるのが一般的ですが、

資料9　ワイン造り

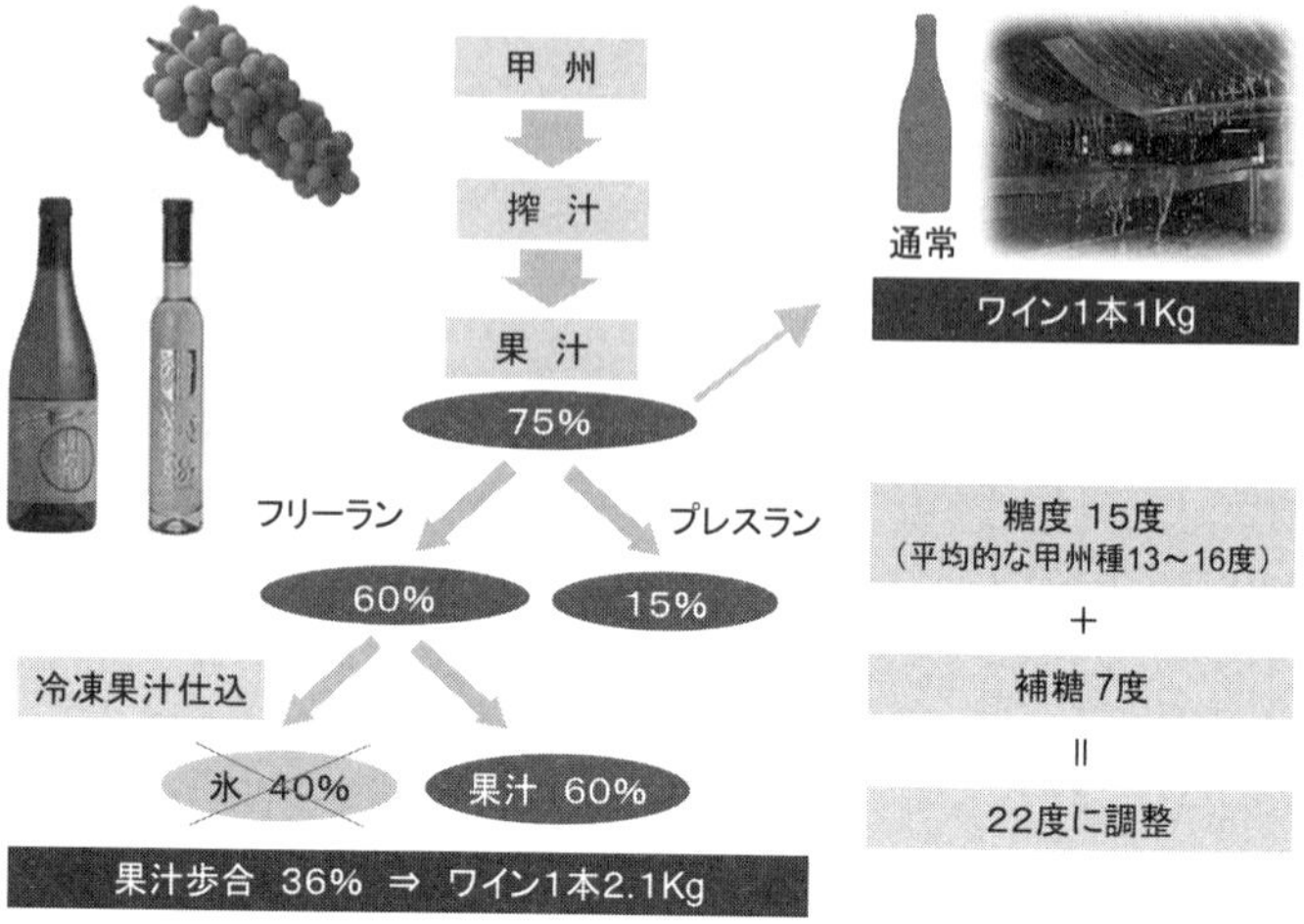

そのアルコールを作るためには、原料となるブドウにそのアルコール度数の約2倍の22度以上の糖分が必要になります。にもかかわらず、平均的な甲州は15~16度しかないんです。ですから、ブドウを搾ってジュースを作ると、そこに砂糖を足して22度に調整して、ワインを造ってきたわけです。海外でも、糖分が低い場合はこのように補糖する場合がありますが、甲州ワインの場合は補糖量が多いために、これまで誰も甲州で世界のワインと競争しようとか、比べようとか、そういった概念さえなかったのです。

　しかし、私どもでは果たして甲州で世界に通ずるワインができないのであれば、早く諦めて他のブドウを選択する必要があるのです。だから、いかなる手段を講じてでも、世界を舞台にできるかどうかを検証したいという思いから、従来とはちょっと違う造りをしたんです。

このジュースを採るときに、圧力を加えないで採るフリーラン果汁と加えて採るプレスラン果汁と2つに分けます。この加えないで採るジュースを凍らせるのです。冷凍果汁仕込という方法です。凍らせることにより、凍ったところと凍ってないところと分けて、この凍ったところは捨て、凍ってないところだけ集めますと、濃いジュースが採れるのです。つまり、甲州の持つ本来の成分を高めて補糖せずにワインを造るということを、私どもでは1993年からずーっと造っているのです。

国際ワインコンクールで入賞、それはゴールでなくスタート

そのワインを、世界中にワインコンテストってたくさんあるのですが、2003年に、フランス醸造技術者協会の主催する国際ワインコンテストに初めて出品したのです。

資料10　世界を舞台にした甲州ワインの可能性立証

2003・2004年フランス醸造技術者協会主催
国際コンテスト世界35カ国2300種中連続入賞

仏の国際コンテストで銀賞

勝沼醸造の甲州ワイン

朝日新聞 2003年4月3日

すると、世界35カ国から、2300種類も出品される中で、なんと銀賞を取れたんです。また、翌2004年にも続けて取れてですね、甲州でも世界に通ずるワイン、いわゆる世界の良いワインと比肩できるようなものができるのだと大きな自信となったのです。

この頃から私どもでは、甲州ワイン造りに特化したワイナリーになることを目指すようになりました。

ただし、ここで、皆様に申し添えなければいけないのは、この入賞を私どもでは決してゴールというふうには捉えてません。むしろスタートだというふうに考えています。といいますのも、原料となるブドウのジュースを凍らせて造るワインというのは、ある意味、反則ですよね。本来なら、原料となるそのブドウのポテンシャルを生かすこと、それが本来のワイン造りであると考えるからです。

近年では、栽培によっていかに凝縮感の高い甲州を得るかということに躍起です。実際に、その栽培地の選択や穂木の選別によりますが、一部すでに補糖をせずに22度を上回るような甲州の栽培が実際にできる状況になっています。

甲州のテロワール発見

また、そんな矢先に、もう一つ私たちが大きな発見をしたのは、甲州のテロワール（土地の味という意味のフランス語）です。実は山梨県内各地で甲州種が栽培されているのですが、ちょっと前まで、収穫される場所によってできるワインに違いがあるとか個性があるという考え方がありませんでした。

そこに一石を投じたのが、この「アルガブランカ・イセハラ」というワインです。この

資料11　「甲州」のテロワール発見

甲州のグランヴァン「イセハラ」

石ころが多く水はけがよい

ワインは、栽培地の名前を付けたものです。この山梨県笛吹市金川原字伊勢原という地名の場所から収穫される甲州でワインを造りますと、それまでには考えられなかったような違う形のワインができることを発見したのです。その特定の場所をテロワールというのですが、フランス語でして、日本語に訳すと地味、その土地ならではの味わいみたいな意味になります。

そもそも、伊勢原という場所は、私どものワイナリーの脇を流れます川を金川といいまして金の川と書くのですが、その川の対岸の河川敷に位置していまして、そもそも地名に「〜原」と付く場所は、川が流れた後に堆積して形成される土地に付けられている場合が多いらしく、この場所も土の部分は表土から20センチから30

センチ程度で、その下は石に覆われた層になっています。

ブドウの木は水分を求めて根を伸ばすわけですが、水捌けがよく土壌中の水分が少ない場所では地中深く下方に伸びます。日本の多くの場所では、土壌中の水分が比較的豊富なため、下方に伸びず横に伸びる傾向にあります。植物は根を横に伸ばした分だけ、枝を伸ばす性質がありますので、日本では棚式栽培が一般的というのは、その辺からかもしれません。加えて、棚式栽培は湿度の高い日本の気候対策としての理由もあるようにも思います。ここ（伊勢原）の場合は、ご覧のように石ころだらけで水捌けが非常によい土地なので、根も横に伸ばすことができず、石の間を縫って下方に伸びるのです。その証拠に甲州は、枝が異常に長く伸びる徒長性の高い品種なので、10アール当たりにブドウ樹を10～20本植栽をするのが一般的ですが、この場所では枝が伸びませんので、50本もの植栽をしている状況です。

このように、同じブドウ品種でも栽培地によりできるワインに大きな違いがあることから、フランスワインの多くは、ワインにブドウの収穫地の名前を付けています。たとえば、皆さんがよくご存じのロマネ・コンティとか、白ワインのムルソーとかモンラッシェとか。あれは、すべて場所の名前を付けているのです。ですから、その土地ならではの味わいが

資料12　甲州ワインの新しいブランド「アルガブランカ」

1	「ヴィナリーインターナショナル2003・2004」(フランス)、 「リュブリアーナ」(スロベニア)2002・2004 「ワイン＆スプリッツコンペティション」2004(イギリス)など 国際ワインコンテストでの度重なる入賞により 世界のワインと比肩できることを証明
2	「甲州らしくない」「変な甲州」、というお客様をはじめ ソムリエ、ジャーナリストの皆様の声をいただき 新しい甲州種ワイン造りに自信をもつ
3	世界に通ずる甲州ワイン提案
4	勝沼醸造のブランド戦略(綿貫宏介氏)

あるという考え方は、歴史の長いフランスのワインでは当たり前になっているのですが、まだまだ日本のワインは、そこまでは来ていないのが実情です。そんな中で、日本ワインで初めてテロワールを表現したワインがこのワインなのです。

さて、私どもではこんなことが契機となりまして、２００４年に甲州ワインの新しいブランド「アルガブランカ」を発表しました。経緯はですね、２００３年以降フランスをはじめ世界のワインコンテストで、私たちの甲州ワインが入賞することが珍しくないくらいになりました。これにより、甲州でも世界に通ずる品質ということに自信がつきました。

しかしですね。その頃から、お宅の「甲州はおかしい」、「甲州らしくない」と。あるいは「変だ」というようなことを、お客様やジャーナリスト、ソム

資料13　「アルガブランカ」シリーズ

ブリリャンテ　クラレーザ　イセハラ　ピッパ　ドース

2004年特約店制度による限定流通スタート

リエさん、実はライバルワイナリーからもそういう声をいただいたのです。

　でもそのお話を聞いてですね、私たちが気づかされたのは、「変な甲州でなければ世界に通じない」のではないかと。あるいは「変な甲州を造ることこそ、私たちが目標にしているワイン造りである」ということに気づかされたわけですね。

　また、もう一つは、このエチケット（étiquette,ラベル（フランス語））、デザインを考えてくださった神戸在住の綿貫宏介さんという当年90歳になられる芸術家の先生との出会いもあり、産まれたのがこの（資料13）「アルガブランカ」という甲州ワインの新しいブランドです。

変な甲州ワイン「アルガブランカ」

ちょっと宣伝になって恐縮ですが、私のファミリーネームの「アルガ」と、「ブランカ」というのはポルトガル語で白っていう意味です。まぁ「有賀の白」っていう甲州ワインを発表したわけです。そのブランドコンセプトは、なんと「変な甲州」という意味なのです。ですからエチケットに甲州って表示がありませんよね。どこにも書いてないのです。

また、販売も特約店制度を採っています。つまり、今お話しさせていただきましたようなエピソードを深くご理解していただき、このワインをブランドとして育てようといって扱ってくださる方々にお願いする。限定流通制度を採っています。

限定流通制度とは

そこで、この限定流通というものの考え方ですが、私たち、造り手にとって、パートナー

資料14　限定流通制度

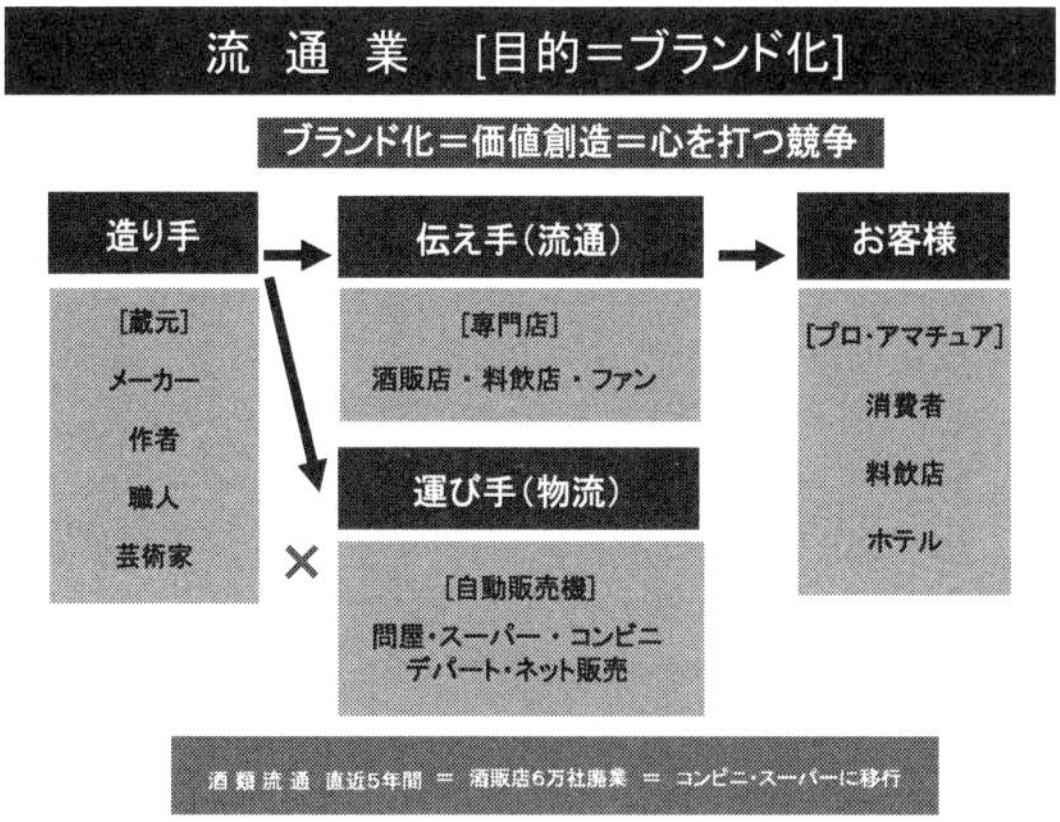

はこの伝え手なんですね。その先にお客様がいらっしゃるんですね。本来なら、造り手の考え方や想いを商品と一緒に伝える伝え手のことを流通といっているのですが、現在の流通業は、総じてロジスティクスとかいってですね、どちらかいえば運び手である物流業に変わってしまっているのです。この造り手と伝え手の信頼関係がうまくいかないと、ブランド化は到底不可能だと思います。

ところで、この直近5年間で、酒販店が6万社も廃業している状況をご存じでしたでしょうか？　皆さんは、お若いですから、当たり前のようにコンビニやスーパーで酒類をお求めになっていると思いますが、私の年代はお酒は酒屋さんでしか買えないものでした。コンビニや

資料15　日本のワイン市場の推移

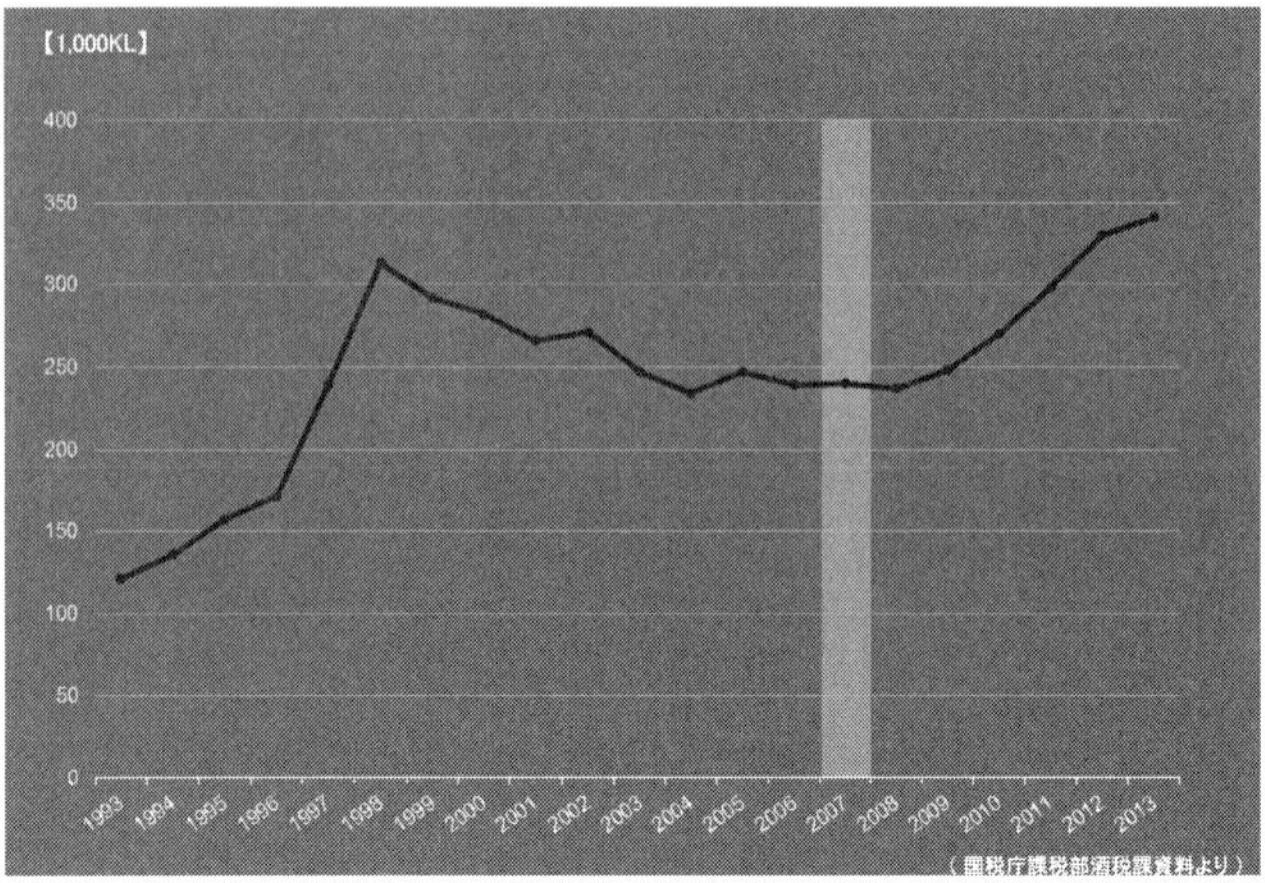

スーパーでは酒類を販売していなかったんですよ。これは小泉政権の頃、規制緩和と称して酒類の販売免許を乱発したんですね。その結果、酒販店がコンビニやスーパーに取って代わられちゃったんですね。コンビニやスーパーという業態は伝え手ではなく、むしろ運び手。流通ではなく物流だというふうに感じていますので、商品を供給しないという販売政策を採っています。幸い、現在では私どもの特約店は全国に広がって１４０社となっています。

さて、次に、これはワイン市場の推移を示した表ですが、１９９８年に赤ワインブームがピークとなりました。しかし、その後は前年割れが10年も続いたのです。ですから私たちワイン産業は非常に厳しい状況が続きました。で、２００８年頃から、またこのように上向きに転じ、昨今ではこのピークを上回っている状況です。ところが、ワインの流通もコンビニ、スーパーに移り、そこで売れているワインの中心価格帯を調べますと、なんと４００～８００円が83％を占めている状況です。その価格では到底日本のブドウで造るワインは造れないんですね。ですから現在、国内製造ワインと輸入ワインの比率が、29対71という状況にあります。

新しいワイン市場の構築

まぁそんな中で、私どもの中核ワインである「アルガブランカ・クラレーザ」は、順調に販売量を伸ばすことができています。

ここで一つ、皆さんにご質問をしますと、現在の日本の総アルコールマーケットにおけるワインの量的なシェアは、どのくらいかご存じですか？

実は、４・２％程度しかないのです。そうです、96％はワイン以外のアルコールを消費

資料16　クラレーザ生産本数の推移

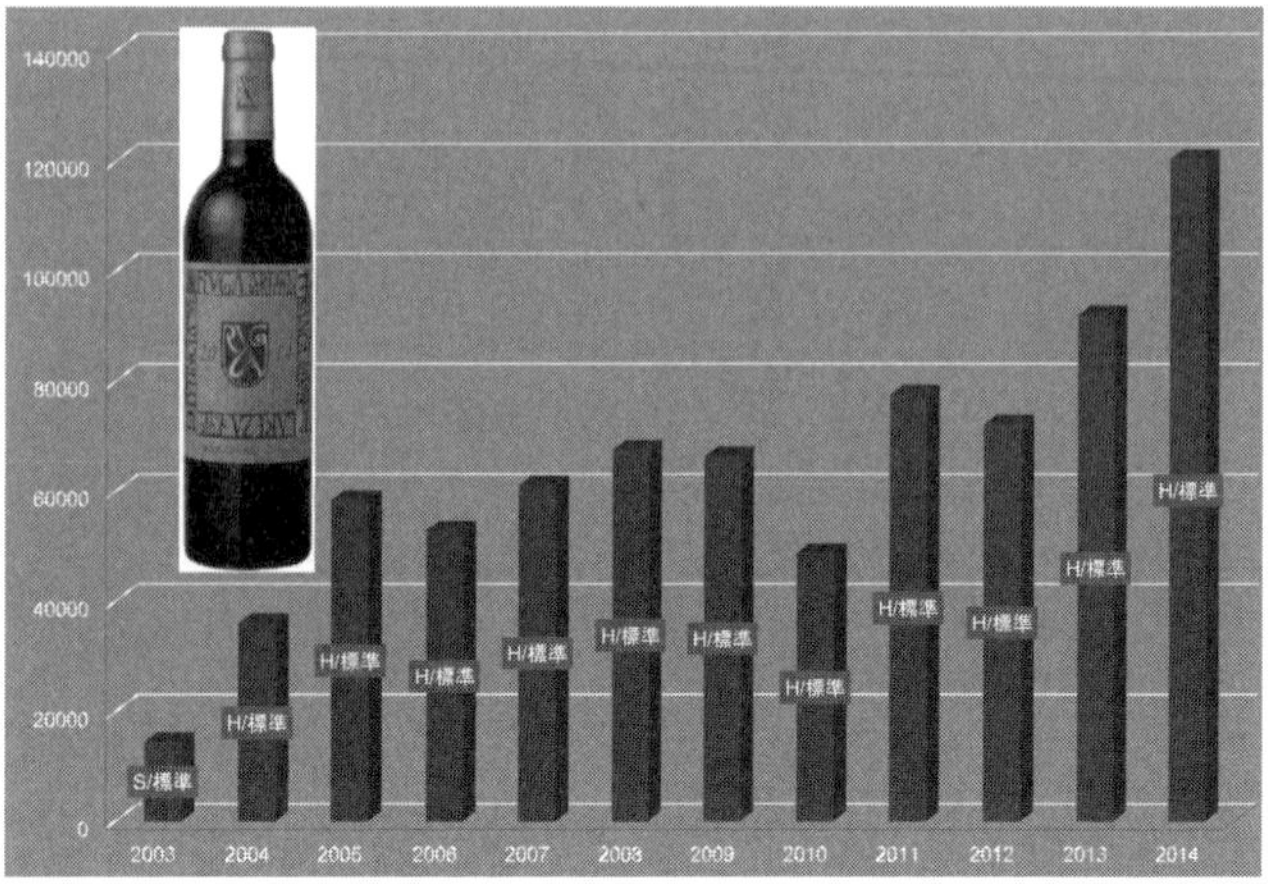

しているのです。つまり、ワインを飲みたいというお客様を待っていたのでは、このような伸びは果たせなかったものと考えています。私どもの伝え手である酒販店さんは、今あるワインマーケットにはめ込むのではなくて、「アルガブランカ」というワインと食との取り合わせによる楽しさを一人でも多くのお客様にお伝えする、新しいワイン市場の掘り起こしを中心にしていただいたことによるものと考えています。

２００７年には、ＪＡＬが私たちの「アルガブランカ」を国際線に初めて採用してくださったんですね。これは、非常に大きな影響がありました。この頃から、メディアに日本ワインの露出が頻繁になってきました。実

資料17　2007年、JAL 国際線に甲州ワイン初搭載

山梨日日新聞　2008年(平成20年)7月1日　火曜日

山梨発 自慢の逸品!

甲州種ワイン

国際線ファーストクラスで提供

勝沼醸造

世界的和食ブーム追い風

優雅なバランス高い評価

山梨日日新聞　2008年７月１日

は、今ちょっとした日本ワインブームが起きていますけども、その発端になったのがこの頃だったように思います。実は、現在もファーストクラスに私どものワインを載せていただいています。

2008年、フランスのシャトーが甲州ワインを世界へ

資料18　フランスシャトーとの提携による海外展開

甲州種ワイン世界へ

勝沼醸造 仏の名門シャトーと提携

甲州市のブドウ畑に立つ勝沼醸造の有賀雄二社長

新ブランド 欧米で展開

新ブランドワインのラベル

次に2008年から、なんとフランスのシャトーが私どものワインを世界中に販売してくださっているのです。これはちょっとビックリするお話ですよね。

フランスのボルドーのグラーヴ村に「シャトー・パック・クレマン」というワイナリーがあるのですが、ここのオーナーがこの方です。この方の息子さんがですね、私たちのワイナリーに突然やって来てですね、「一緒にワインビジネスをしましょう」とおっしゃったんですね。私も、何のことかわからないくらいビックリしま

資料19　フランス名門シャトーとの提携

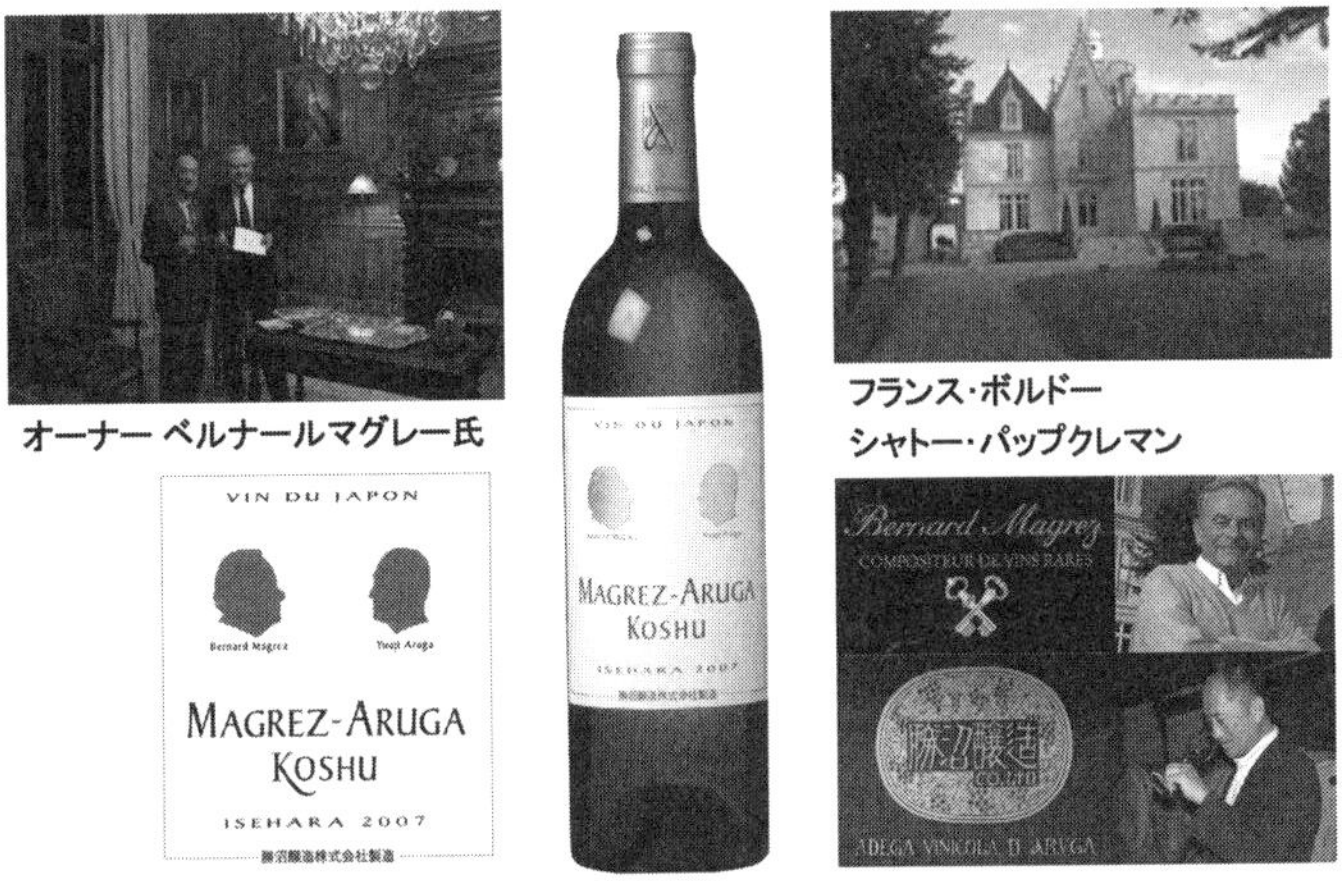

オーナー ベルナールマグレー氏

フランス・ボルドー
シャトー・パップクレマン

EU向け甲州ワイン新ブランド発表

して、「どういうことですか」と訊ねましたところ、なんと「日本の甲州ワインを世界に出すお手伝いをしたい」とおっしゃったんですね。

　私たちも、いつかは世界を舞台にするのが夢でしたから、そうして、彼と私で作る、ヨーロッパの甲州ワインのブランドとして生まれたのがこれでして。また、やっかいなことに、彼のお名前がベルナール・マグレーさんっていうんですね。ファミリーネームがなんとマグレーなんですよ。できましたワインは、「マグレー・アルガ・コウシュウ」ですからね。本当に、まぐれかもしれませんね。(笑)

　このワインは、現在フランスをはじめ、

イギリス、スイス、ベルギー、カナダ、アメリカに彼らが販売してくださっていまして、非常に大きな反響があるようです。

実は、ミシュランの星付きのフレンチレストランに「ジュエル・ロブション」がありますが、世界に17店舗あるそうです。そのすべてのレストランでこのワインが提供されているようでして、唯一の日本ワインということもあり、大きな話題を呼んでいるようです。ちょっと前までは、まさか世界のレストランで日本ワインが飲めようとは、夢にも思ってなかったのですが、今は、それが現実になったわけです。

実はこの写真は、このワインをリリースしたのが2008年でしたから、2007年の年末に表敬訪問でお邪魔したときのものです。この写真の上の部屋に泊めていただきました。夜には、世界中からワイン関係者を迎えて歓迎会をしてくださいました。

シャトーオーナーに指摘された2つの間違い

ところが、その席上、彼が突然私に言ったのです。「君には間違いが2つある」と。どういうことですかと尋ねますと、なんと、「なぜ、君は世界をマーケットにしないのか?」と。「君のこのワインがわかる人が、日本のマーケットにそんなにいるのかね?」というのです。

先ほど、冒頭に申し上げましたように、日本のワイン産業は幼稚なマーケットの受け狙いに終始している。にもかかわらず、なぜ本格ワインを造りながら日本のマーケットだけで問うているのか、それでは、本当の価値は到底わからないですよね。彼は、また「あなたのワインは、世界に出すことにより、今よりも価値がはっきりするでしょう」というのです。

また、もう一つの間違いは何ですかって訊きましたらですね、なんと「君はワインの価値を知らない」っていうんですよ。それってどういう意味か、おわかりになりますか?「君が付けたその値段でよいのなら、僕に全部分けてくれ。僕は君の3倍の値段で売る自信がある」とおっしゃったんですよ。おもしろいでしょ、これ。

でね、そこで気づかされたのは、日本の生産者の多くは、価格決定する場合に原価積み上げ式なんですよね。原材料費がいくら、労務費がいくら、減価償却がいくらといって重ねていくんです。そこへ利益を乗せて、いくらって価格を付けているんですね。価値っていうのは、いわゆる人の心を打つ度合いのことを指しているわけですから、価格と価値は別物ですよね。ですから、コスト競争でサムソンやＬＧに負けているソニーやパナソニックを見るようで…。だって、コスト競争じゃ負けてしまうと思いますよ。コストで勝ちたいのなら、労務費をベトナムやインドネシア並みに変えなければならなくなりますよね。そんなことはムリなわけですよ。ですから、これからはコスト競争ではなく価値競争にシフトする必要があるということを彼が教えてくれたわけですよ。

甲州ワインの輸出

２００９年には、ロンドンに甲州ワインを輸出するためのプロジェクトＫＯＪがスタートしました。

実は、世界へのワイン情報発信基地は今もロンドンなのです。ロンドンは産業革命以降、良かった時代に世界から良いものを集め評価する文化が形成され、今もなお続いています。ロンドンで評価されたワインは、たちまち世界へ情報が伝わり、話題になります。

資料20　KOJ プロジェクトのスタート（山梨県ワイン酒造協同組合）

日本を代表する「甲州」の品質向上をはかり、世界市場において認知を向上させ
適切なマーケットプレイスを獲得することを目的として発足されました

（KOJ ホームページ）

このようなことから、甲州ワインをロンドンに輸出することにより、甲州ワインの世界的な知名度を上げたいとの想いから生まれた企画です。とはいえ、国際競争に真っ向から立ち向かうことの厳しさを実感させられる状況にあります。

国際ブドウ・ワイン機構へのワイン用ブドウ品種登録

資料21　国際ブドウ・ワイン機構への品種登録

OIV
International Organisation
of Vine and Wine
Intergovernmental Organisation
（国際ぶどう・ワイン機構）

ワイン醸造用の葡萄品種として初めて世界に認められた。
EC諸国へ輸出する際、品種名をラベルに記載することが可能になった。

2010年
「甲州」

2013年
「マスカット・ベーリーA」

2010年には、フランス、パリに本部があります国際ブドウ・ワイン機構、略してOIVに日本固有のワイン用ブドウの「甲州」を品種登録いたしました。また、2013年には、日本の風土に向く赤用品種として川上善兵衛氏により交配された日本固有のブドウ品種「マスカット・ベーリーA」も登録しました。このことにより、今や世界のワイン関係者の多くが、日本のワイン用ブドウである甲州とマスカット・ベーリーAに非常に高い興味を示しています。

実は、フランス、ボルドーにワインミュージアムを建設する計画があるようですが、先方から日本の甲州ワインを展示したいとの要請を受けている状況があります。

2013年、地理的表示「山梨」、国税庁が法的に認定

2013年には、国税庁が地理的表示「山梨」を法的に認定しました。このように、ワインの表ラベルにGI Yamanashiといった表示のあるワインがあります。これは、山梨のブドウ100%で造られ、特に品質に優れたワインに表示が許されています。つまり、法律で産地証明をする仕組みです。

資料22　地理的表示「山梨」に認定

ワイン産地として「山梨」を国税庁が法的に認定

地理的表示とは、「ボルドー」「ブルゴーニュ」などのように
土地や風土によってつくられる個性を反映した生産物を
地域の財産として認め、産地の表示を法的に認めること

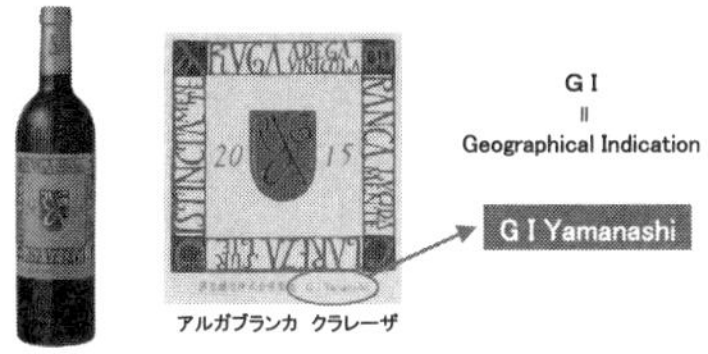

WTO（世界貿易機関）の加盟国は地理的表示を私的所有権と認めている

甲州の総ワイン仕込み量の推移

さて、そんなことで近年ではワイン市場で甲州ワインが少しずつ話題となっています。それでは、当然甲州種ブドウで造るワイン仕込み量が増えているのかと思いますと、実は最盛期より減っているのです。

なぜこれほどまでに減ったかといいますと、山梨県には、現在80のワイナリーが点在していますが、これを大きく分けると、中央資本と、土着資本のワイナリーに分けることができます。中央資本のワイナリーとは、いわゆる本業がワインではない会社ですよね。まぁたとえば、メルシャンワインってありますよね。これキリンビールの傘下ですし、マンズワインは、キッコーマンです。こういう中央資本のワイナリーのほうが資本力もあり、販売力も大きいですから、高い市場性を持っているわけでして。1990年代には、ヌーボー（新酒ワイン）を全国に流通していましたので、こんなに多く（8000トン）の甲州を使ってワインを仕込んでいたんですね。

しかし、近年ではこんな4000トンに減っちゃったわけでして、これは、海外から低

資料23　山梨県内　甲州＆ベーリー A 総仕込量の推移

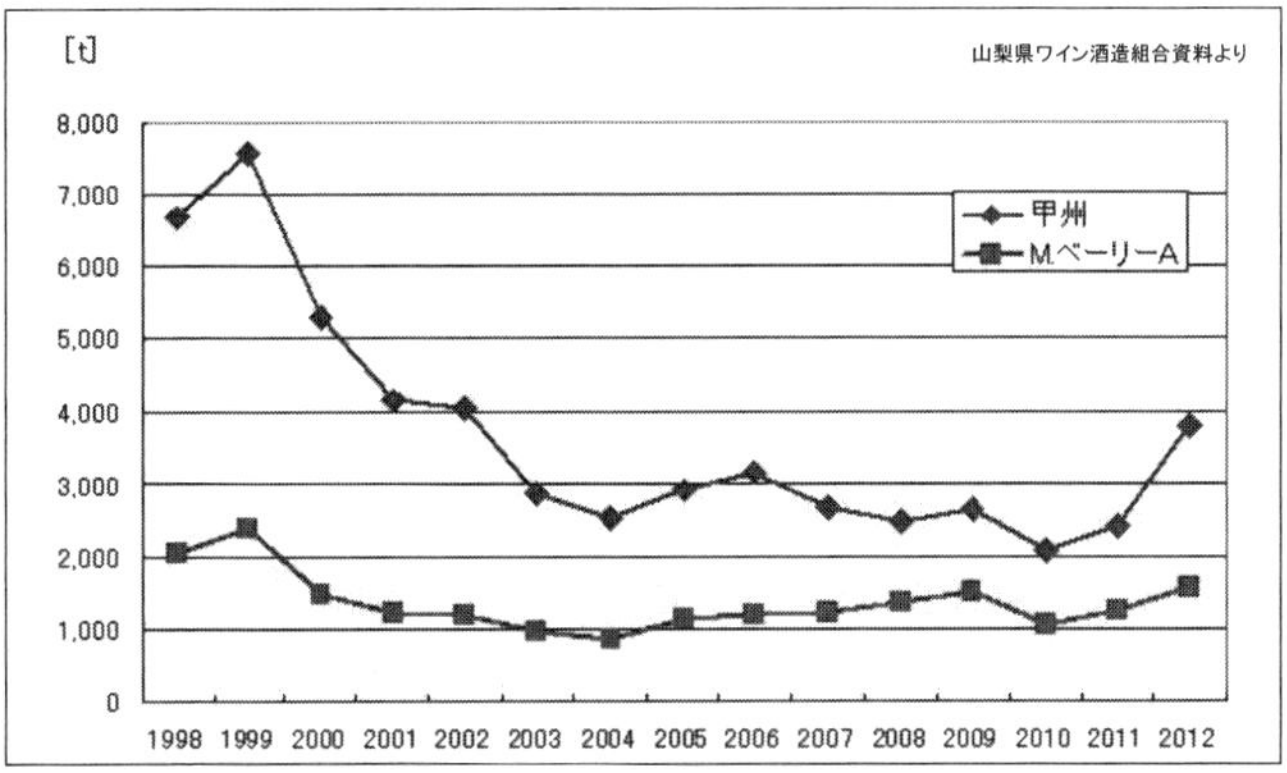

価格ワインが大量に流入してきたことと、日本のブドウで造るワインは、コストが高いですから、今後はその市場性が望めないということになり、ワインにすること自体を止めてしまったのが原因なんです。

　そして、２０１１年頃からまた少しずつ、こんなふうに増えてきました。これは私たち土着資本のワイナリーが、甲州で世界に通ずるワインを造ったからですね。

甲州を起爆剤にワイン増産

日経新聞の２００６年の山梨版に、県内ワイナリーが甲州を起爆剤に仕込み量を増やす、というような記事が出たんです。

かっては、中央資本のワイナリーが、当産地を支えていたのですが、今や土着資本のワイナリーが支えるような状況になっているんですね。これは悪口を言うわけではないけれども、いわゆる中央資本というのは、やっぱり合理化や、利益の競争に力点を置く場合が多く、儲かればいいという話ですよね。そういう競争ばかりしていますと、どうしてもこうなってしまうということですよね。

ですから、ワインを造るってことは、実は産地を支えるってことであり、あるいはその産地のぶどう景観や歴史、文化を次世代にずーっと継承していくこと、それをワイン造りっていっていることに気づかなければなりません。そういう点では、土着資本のほうがその概念が強く、ワイン造りは、その地域に根ざしてその産地の人々とともに進めていくものだと思います。

私どもでは、甲州ワイン造りに特化したワイナリーにすることを目標にしてきましたので、現在では10~12%のシェアとなりました。

先ほど、山梨県に80社のワイナリーがあると申し上げましたけれども、このシェアがいかに大きいかは皆様のご想像のとおりです。

意外に生産量が少ない日本ワイン

さて、2015年に国税庁は、それまでの国産ワインという言い方を改めて国内製造ワインという言い方に改定したのです。まぁー、そのほうが明確ですよね。日本国内で生産されているワイン全体を示して国内製造ワインですから、ある意味わかりやすくなりました。もう一つ、その中で日本のブドウだけを使って造られたワインを日本ワインということにしたのです。その比率はどのくらいか、皆さんご存じでしょうか? なんと、4・9%だけなのです。

驚きですよね? 私どものワイナリーでは、この4・9%の中に入るワインしか製造し

資料24　国内製造ワインの使用原料割合

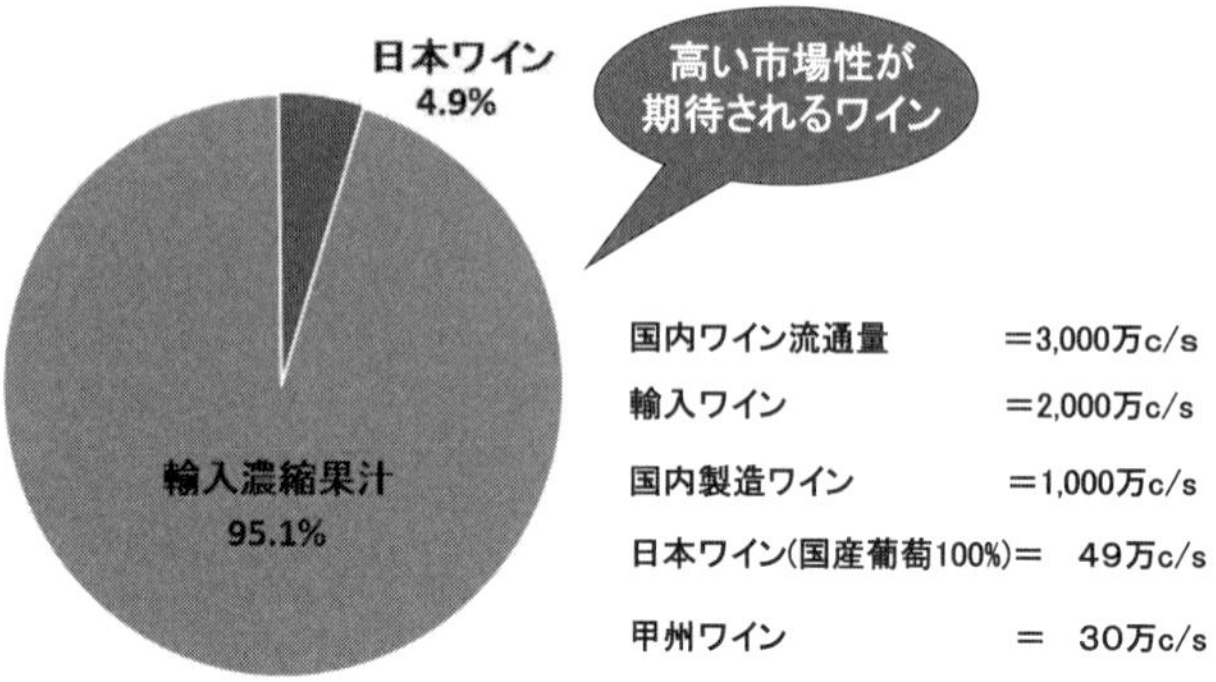

2015年度　国税庁課税部酒税課資料より

ていないわけでありまして、81社の山梨のワイナリーの中で山梨のブドウで造るワインの量では、1、2番のワイナリーであることをお伝えしたいと存じます。

ワイナリー経営を支える高付加価値化

　さて、ここでワイナリー経営の話をちょっとしたいと思います。

この図（資料25）はですね、横軸が量で、縦軸が値段です。実は、ワインというものはですね、そのワインにいくら人気があっても、急激に生産量を拡大することができないんですね。というのは、その年の収穫量以上にワインを造ることはできないですし、収穫量もいっぺんに増産するということもできないんですね。

　つまり、この図形の点線部分が、現在の私どもの経営状態を示したものですが、先ほどのお話のように、２００４年にアルガブランカという新しいブランドを発表してですね、今年２０１５年ですから11年目に入ったわけですね。で、これからの新たな10年で、この点線からこの色のついた形に変えたいというふうに考えているのです。つまり、この図形の体積を変えずに、もっと良い経営のために形を変えるということになるわけです。

　普通は低価格商品が売りやすいわけですから、生産量が一番増えるはずです。ですから、底辺が広い三角形になるはずですが、幸い私どもでは中心価格帯が一番下ではなくてここ

資料25　ワイナリー経営（アルガブランド体系）

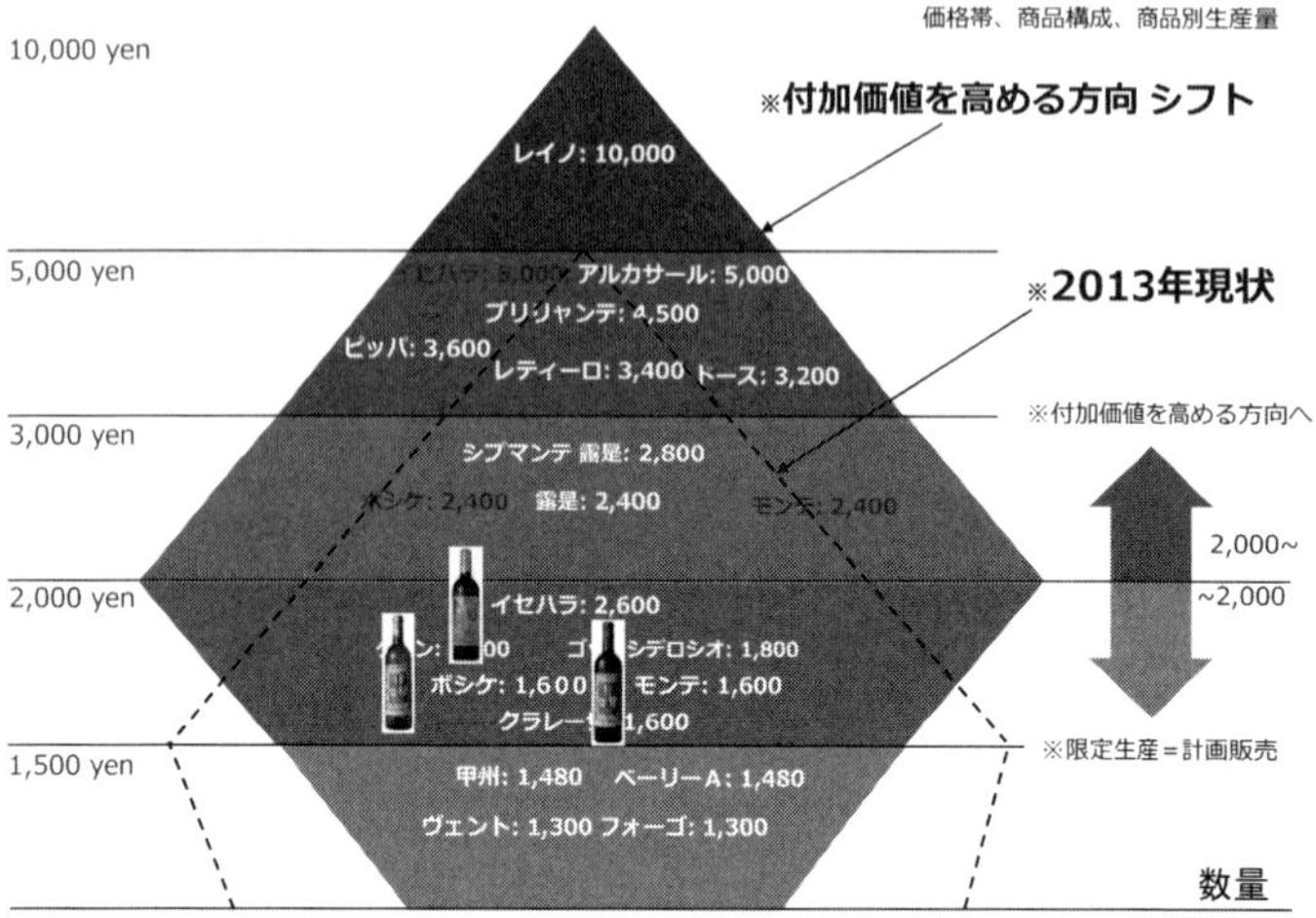

にあります。で、これを新たな10年でさらに上げたいと考えました。いわゆる、高付加価値化を進めたいという目標を掲げたんですね。で、どうしたかと申しますと、この辺の価格帯に商品が集中していることに気づいたんですね。私どもで一番人気のあるこの「アルガブランカイセハラ」、いわゆるグラン・ヴァン（grand vin、有名産地の高級ワイン（フランス語））ですよね。このワインを、こうやってこの値段に改定しました。で、まだこの辺が空いてますよね。そこで、ここに値段がダブっているワインがありましたので、この2つの「アルガーノ　ボシケ」「アルガーノ　モンテ」を

値上げしてですね、こういうふうにバランスを取ったんですね。

まぁこのように、新しい形を目指してやっていこうと新たな目標を掲げたのです。

しかし、商品の値上げはお客様にとっては、あまり良い印象ではありませんので、非常に難しい判断になったわけです。私たちはすでに甲州ワインのトップブランドを担っていて、これ以上、当産地の老齢化や後継者不足に歯止めがかからない状況を続けては、産地自体の崩壊につながってしまうという危機感と後継者を一人でも多く育てようと意味から、このような苦渋の決断に至ったわけです。

ワインは食べ物、日本酒といえる日本ワインの魅力

さて、まぁもう一つ、ここで大事なお話をしたいのは、先ほどから申し上げておりますように、ワインはワインだけをもってして価値を見出すものではなく、食との関わりをもって価値を見出すものなんですね。

そんなことから考えてみますと、現在の日本のワイン市場では、赤ワインが60％を占め

ていまして、ワインといえば、条件反射のように「赤」とおっしゃって、「チーズください」というお客様をよく見かけるのですが、これは、未だワインが食と合わせて楽しむものになっていない証拠のような状態だと思うのです。私たち日本人の食生活には、赤ワインよりむしろ白ワインのほうが相性がよい料理が多いはずなんです。日本人が食とワインを合わせて楽しむ時代には、白ワインのほうが消費比率が高くなるような気がします。

もっといえばね、日本にはワインマーケットはありますが、ワイン文化はないと思うのです。で、私がいうワイン文化って、どういうものかと申し上げますと、それは、「日本人ならではのワインの楽しみ方を創り出すこと」なんですよ。それを日本のワイン文化っていっているのだと思いますよ。ですから、極論をいったら、ヌカ漬けや冷奴、板わさと甲州ワインを合わせて、「最高だよね」っていってほしいですよね。

そこで、皆さんにもぜひ気づいていただきたいのは、世界中には星の数ほどのワインがありますが、リスキーなこの日本の風土でできたワインだけは、世界のワインと違い、ワインでありながら、日本酒っていえるのです。いわゆる日本の風土で栽培されたブドウだけで造られたワインですから日本酒なのです。つまり、日本酒の中に清酒と焼酎と日本ワインがあるととらえていただきたいのです。フランスをはじめ世界のワインは当然、日本酒って絶対にいえないんですよ。

そうなりますと、これまで、ワインといいますと、洋食に合わせて楽しむのが一般的でしたが、和食とワインという取り合わせがあることに気づいてほしいのです。

和食と甲州ワインの相性

こちら（資料26左）は、日本橋の「ゆかり」さんという和食店の店主の野永さんですけども、彼はもう私がそんなことを言う前からですね、「和食には、絶対甲州ワインがよく合いますよ」と言って、早くからワインと和食の相性を伝えてくださっていた方です。とても、美味しいお店ですから、ぜひ機会をつくって行ってみてください。

こちら（資料26右）のＮＯＢＵってご存じでしょうか？　こちらがオーナーシェフの松久信幸さんです。１９９４年にハリウッド映画スターのロバート・デニーロとニューヨークにＮＯＢＵっていう和食レストランを開業して大変な評判となり、現在では世界に35店舗を展開しています。そういう意味では、和食にグローバリゼーションをもたらした日本

資料26　和食と甲州ワイン

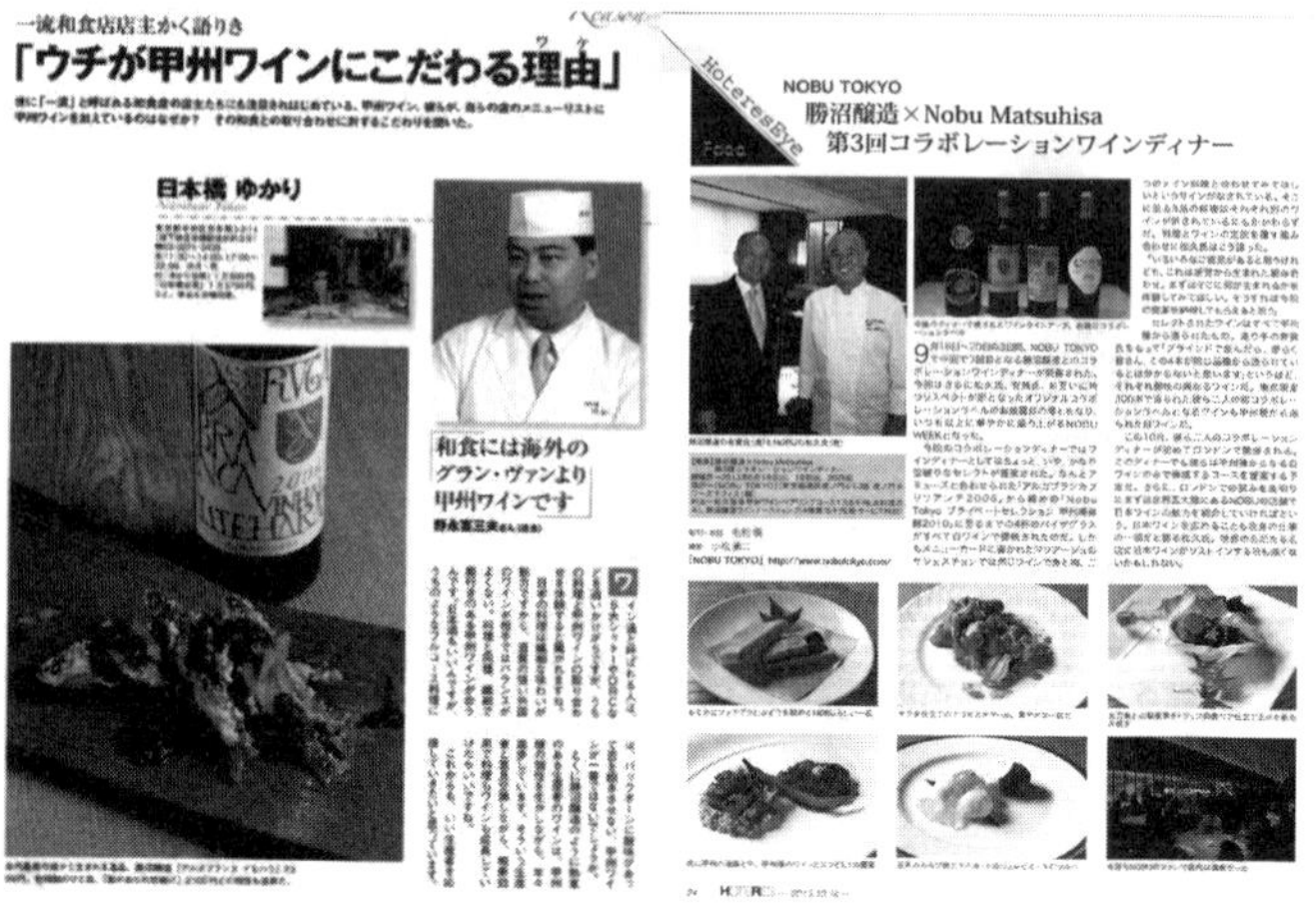

一流和食店店主かく語りき

「ウチが甲州ワインにこだわる理由《ワケ》」

日本橋 ゆかり

和食には海外のグラン・ヴァンより甲州ワインです

NOBU TOKYO

勝沼醸造×Nobu Matsuhisa 第3回コラボレーションワインディナー

人の第一人者ですよね。で、私も、日本の甲州ワインにグローバリゼーションをもたらしたいという想いがあってですね、できたら世界のＮＯＢＵレストランで私どものアルガブランカを提供していただきたい。それが私の夢だったんですよ。それで15年くらい前から、ＮＯＢＵ東京に通いつめたんですね。今では、信《ノブ》さんから直接携帯に電話をいただけるようになったんですね。

世界のＮＯＢＵレストランでのワイン会開催

それで、２０１３年にＮＯＢＵロンドンで初めてワイン会を開催させていただき、２０１４年には香港、２０１５年ニューヨーク、２０１６年ロサンゼルス、２０１７年にはラスベガスと、毎年世界のＮＯＢＵレストランでのワイン会を開催させていただいています。

２０１３年には和食がユネスコの世界文化遺産に登録されましたが、今、世界で和食がどれほど人気を博しているか皆さんご存じでしょうか？　２０１３年のＮＯＢＵロンドンでのワイン会は、会費が２７５ポンドで１ポンドが２００円でしたから、一人５万５０００円でした。しかし、信さんのテーブルだけは、何と１０００ポンドだったんです。どんな方がいらしているのかと尋ねてみますと、プライベートジェットを使って食事に来たとおっしゃるんです。つまり、世界のアッパー層が今一番求める食が、和食であることを実感したのです。世界一高いコストのワインは、もしかしたらこの方々に和食とともに提供するワインではないか、と痛感した経験となりました。

で、これは、ミシュランの星付きの和食店を挙げてみたんですが、なかには、すでに私

資料27　NOBUでのワイン会開催
（2013ロンドン・2014香港・2015ニューヨーク・2016ロサンゼルス）

どものワイン「アルガブランカ」を置いてくださっているところがあってですね、お店には世界中からお客様がいらしているんですよね。たとえば、世界のミシュランの星付きの料理人たちが来日すると、こういうところを必ず訪ねているんですね。

そこで私たちのワインを試してですね、国に帰ってから扱ってくださる。そういったことが実際に起こっているんですね。ですから、やっぱりこういう評価の高いお店は、伝播力、発信力っていうのが全然違いますよね。

もう一つは、先ほどから何回も「人の心を打つ」って話がありましたよ

資料28　ミシュランの星付き和食店

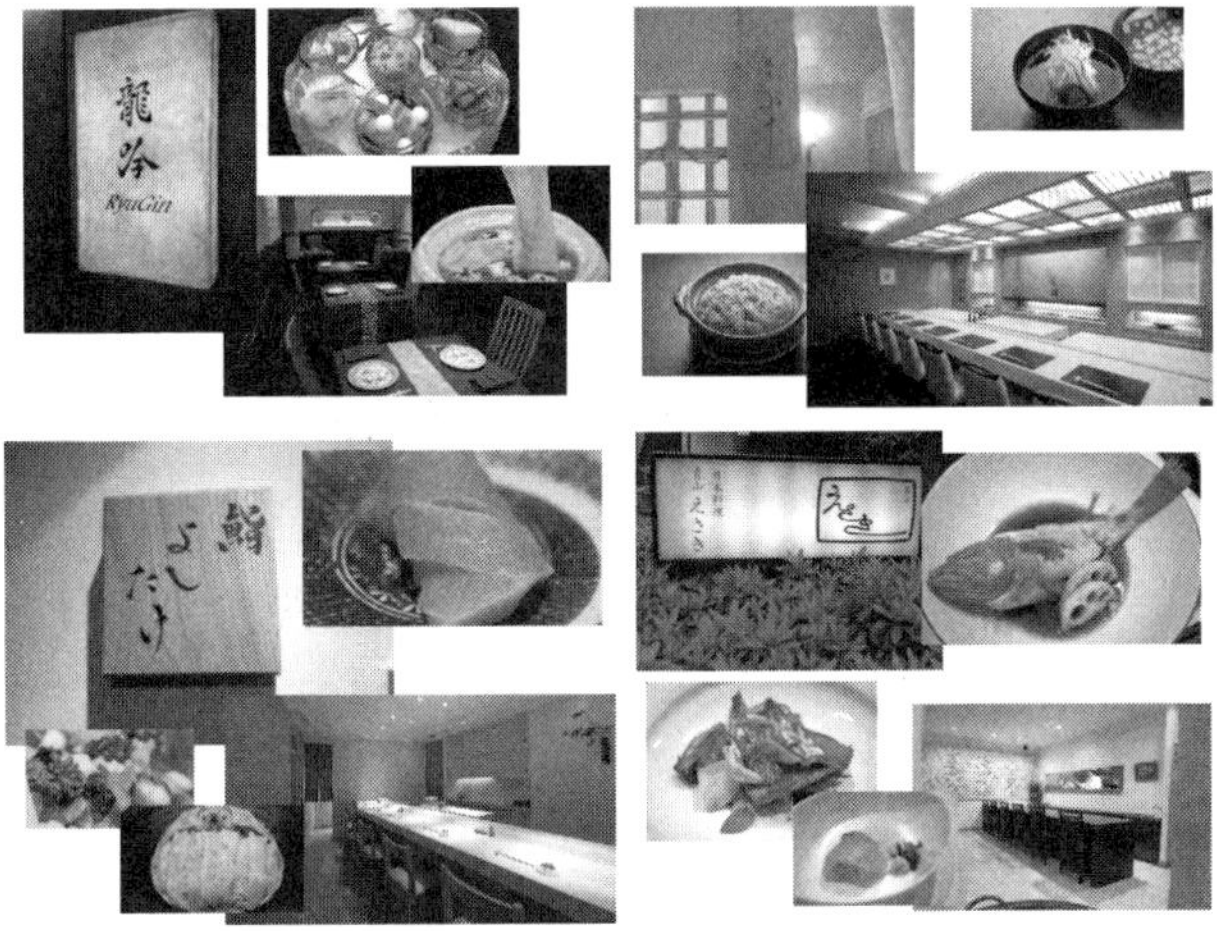

ね。人の心を打つっていうのは、打たれる側にもね、感性が必要ですよね。いわゆる鈍感な人がいるよね。たとえば、何食べてもおいしいって言わない人いるでしょ？たまにいるよね。だからそういう人に、いくら良いものを出しても無駄ですよ。だから美味しいものを食べたら美味しいねって言ってくれる人と、一緒に食事したほうがいいよね。こういうところって実は、感性の高い人たちが集まるんですよね。だからやっぱり良い店がいいですよね。

ワインといえば、洋物が中心

資料29　和食でアルガブランカ

とはいっても、ワインといいますとやっぱり圧倒的に洋モノが多いですよね。京都の料亭なんかでもね、できれば日本のワインと日本料理で合わせてもらいたいのですが、どこへ行っても、ワインは洋モノばかりで日本ワインを置いているところが少ないですよね。また、そういうお店でワインくださいっておっしゃるお客様は、ブランドで選ぶんですよね。舌は使ってくれないです。ですから、日本のワインを選ぶ場面はなかなか生まれにくいですよね。ワインを選ぶのに、耳と頭しか使ってくれない方多いですよ。

だから、それを、何とか日本の甲州ワイン「アルガブランカ」にしたいというふうに今懸命にやっているところです。

さっきも日本のワインは日本酒だっていったばっかりなのに、国産ワインの中で、本当に日本のブドウでできているのは22・6%。実はここにも輸入原料を使ったものをブレンドするものがあるので、実は正確な数字でいうと、1割程度になっています。だから、日本のワインは日本酒だっていったのは、1割程度の話のことをいっている。

これは、やっぱりさっきのマーケットニーズが低価格ワインを欲しがっているということ、それが日本のブドウから作るワインでは無理だというようなことが、こういう状況を作っているということもいえます。

都心から近い日本一のワイン産地

で、まあいろいろとお話してきましたけれども、私どものワイナリーというのはさっきもいいましたように、JR中央線で新宿駅から1時間半ほど乗ってもらうと着きますの

資料30　勝沼醸造のワイナリー

で、お気軽にお越しいただける距離にあるということですね。たった、１００キロ西に寄ったところに、私たち日本一のワイン産地があるんですね。

　われわれのワイナリーって、言葉通じますよね。コミュニケーションが取れるんですよ。だから皆さんぜひ、ワイン好きの人とお越しいただきたいのです。それでワイナリーを、こういったワインの勉強をする場にしてほしいのです。

　また、私どもでは直営のレストランもあるんでね。ワイン産地「勝沼」のブドウ景観を眺めながら、ゆっく

資料31　直営のレストラン

りと食とワインの取り合わせを楽しむことができるんですね。うちのレストランはローストビーフをメインにしているんですが、わさびとたまり醤油を使って刺身に見立てて、あえて白ワインで合わせていただいています。皆さんビックリしてくださるんですよ。ぜひお試しいただきたいです。

ワイン造りは産地づくり、ワイン産地を支えるアルガブランカ

資料32　日本一のワイン産地「勝沼」のぶどう景観

で、最後になりましたけど、私は、現在62歳（講演当時）ですが、62年前から、こういうブドウ景観に囲まれて育ったわけです。しかし、さっきも申し上げましたように、ここにありますこのブドウ畑が、5年先10年先、このままの景色で続いていくのか実は非常に不安です。高齢化や後継者不足に歯止めがかからず、本当に危うい状態です。

あるいは1000年も前から続いている甲州の歴史ね。それを先人たちがわれわれに尊い遺産として残してきたわけだよね。それが、いま私たちの世代で失われそうなんです。だから現在のこの状態を絶やすことなく、なんとか次の世代にしっ

資料33　1,000年の歴史とぶどう景観

ワイン造り ＝ 地域づくり ＝ 農業創造 ＝ 歴史継承

かりとつないでいく、そのことをワインづくりっていっているんですよね。本当にそれがよくわかったんですよ。

だからみなさんに最後にお願いしたいのは、いい、今日から、どこのレストランに行っても、「アルガブランカないのかと」。（一同笑）ここにいる皆さんが、うちのセールスマンに変わったら、ねぇ。それが、この景色を守るためのお手伝いをしてくださっていることとまったく一緒なんですよ。さっき冒頭申し上げましたように。われわれの消費活動自体が社会構築だってお話をしましたよね。ぜひよろしくお願い申し上げ、終わらせていただきます。

ご清聴、まことにありがとうございました。（拍手）

質疑応答

【長沢（司会）】ありがとうございました。この中で全員が履修しているわけではないけれど、私が担当している「ラグジュアリーブランディング論」の中で言っていることは、「ラグジュアリー製品とは心を打つ製品である」とか、「ラグジュアリーの価格は上げ続けろ」。本当にそのとおりやっているなと思います。だから、私が有賀社長にぜひご講演をお願いした理由がわかると思いますね。

さあ、積極的に質問。はい、内田さん、お願いします。

【内田（質問者）】長沢先生のゼミの者でＭ２の内田と申します。本日はありがとうございました。実はアルガブランカは、私は何度もいただいたことがあります。大学の近くに出す店があるので、今度行きましょう。（笑）

【有賀】行きましょう。（笑）

【内田】ご案内いたします。（笑）

【有賀】ありがとうございます。（笑）

【内田】 というアピールをしたうえで伺いたいんですけれども、日本のワインマーケットは幼稚であるとのこと、全く私も同感だなと思います。そこで、その戦犯みたいなのって、はっきりいって誰だと思われていますか？　忌憚のないところを伺いたいのと、本当に何で、みんなあんなに赤ワインばかり飲んでいるのかなっていうのは、実は私もすごく不思議です。ずっと不思議だなと思っていることなので、まずマーケットの幼稚化は誰のせいで、どうしたらいいのかっていうのを伺いたいと思います。

それから先ほど、中央資本というワードが出てきました。これ私、知らなかったので面白いなと思いましたが、キッコーマンさんやメルシャンさんや、あとフジッコさんとかもそうだと思うんですけど。

【有賀】 よくご存じで。

【内田】 ワインが好きなんで、飲んでいますから（笑）。広い意味の食品業界から参入される分にはそういうのもありかなと思うんですけれども、カラオケのシダックスさんもワイナリーを持たれたりとかされているじゃないですか。ああいったことに関しては、どのようにお考えか、ぜひ聞かせていただきたいと思います。

【有賀】 まず、幼稚な犯人ね。これ実は、俺も含めてワイン関係者にあるような気がするんだけども。ワインって知識がないと飲めないもののようにしちゃった、そこがものすごく問題だと思うんだよ。だから、実はワインに携わっている人が一番問題なんだよ。もっと気楽に、考える前に飲んでほしいのね。だから、「食べるときにはワインがないと寂しいよね」程度でいいのに、いろいろ言うわけ。「それ食べるんならこれだよ」とか、飲む前からいろんなこと言う。気軽に飲もうとする人が手に取れなくなっちゃうんだよ。そんなに言うんなら、俺いいよっていう話でしょ。あるいはワインって、まだまだ特別なときに飲むもんだっていうように思っていると思うのね。それを外さなければしょうがないわけで、一番問題なのは、僕はワイン関係者だと思う。

たとえば、熱心なソムリエさんはこの料理にはこれが合うって言って、ちゃんと合うものをコーディネートしてくれるはずだよ。だけど、下手したら売上を上げたいとか、人の財布の状況をいかに想像するかみたいな、それがソムリエさんの腕だなんて教育を受けちゃったりしていたら良くないよね。そういうことじゃないんだよ。「もっと楽しんで」っていうことにならないと。だから、ソムリエさんこそホスピタリティのところで競争しなきゃいけない。皆さんも本当に気楽にやってほしいな。いろいろやっていると、これに合うなとか合わないなとか、いろんなことがわかってくるよね。そこから勉強すればいいと思う。だって、知る前に勉強しろって話だからさ。英語教育に似ているよね。話せねえのに勉強しているみたいな話。

あと、さっきの中央資本の話ですけど、ワイン産業はブランド化を目指していて、実はブランド構築が最大の目標だと思うのよ。それでいえば、中央資本っていうのは、すでにブランドがあるから合わないよね。だから俺は、ここだけの話また、絶対にメルシャンとかサントリーとかそういうブランドより、俺のブランドのほうが上に行くはずだよね。それを目指したいよね。

だから彼らは、本当はワイン産業やらないほうがいいよね。だから、ビール会社の偉い人に言ったことがあるんだよね。「○○ビールワイナリーって変な名前だよね」って。何で××ワイナリーにしないの、○○ビールは要らないよね。だから言っちゃったんですよね。「○○ビールワイナリーって、そんなの飲みたい人いるのかな」って。「ワインメーカーの個人名を付けて、何とかワイナリーにしちゃえ」と。「それをブランドにすれば、ビールは勝手に売れるようになると思うよ」って言ったんです。あのワイナリーがやっているビールだよって、逆だよ。だから、それ実は、ブランドの一番上はワインなんだ、と思うね。だから、飲料総合メーカーがやっちゃいけないのがワインだよねっていう気がするね。

だから、やるとしたら、ルイ・ヴィトンみたいに全然わからないようにしてやるべきだよね。だってドンペリって、あれがやっているの、知ってるよね？

【内田】LVMHモエヘネシー・ルイヴィトンのグループの。

【有賀】ヴィトンがやってんだよね。でもそれ、みんなは知っているけど、普通の人は知らないじゃない。そういうふうにすべきだよね。

【内田】ありがとうございました。

【長沢】ここだけの話で言っちゃったってことなのですが、実は録音して講義録の出版を予定していまして。（爆笑）

【有賀】まずいな。（爆笑）

【長沢】ほかに。いっぱい手が挙がった、はい、お願いします。

【川村（質問者）】すみません。本日は大変すばらしい話をいただきましてありがとうございます。長沢ゼミM1の川村と申します。世界化について、ぜひお伺いしたいなと思っております。

ちょうど前々回、銀座壹番館の渡辺社長（編注：『銀座の会社の感性マーケティング—日本香堂、壹番館洋服店、銀座ミツバチプロジェクト、アルビオン—』同友館に所収）も、まさにちょうどソニーの井深さんのお話をされていて、井深さんが「銀座の同じ町内に仕立て屋さんがあるのだから、地元の仕立て屋さんで服を作る」というふうにおっしゃっていて、そういう地元を大切にする人だからこそ世界的な企業を育てられたのだとお話をされていて感銘を受けました。本日、有賀社長のお話をお伺いして、まさにそこにだぶる感じを受けまして、ぜひ世界化、今後特に、今、日本の企業の中でなかなかソニーとかホンダみたいな形で世界に出ていく企業は、昔ほど多くないのかなというふうに思っているんですけれども、その中で、有賀社長が思われる世界化というんですか、そういう何かお考えをお聞かせいただければと。

【有賀】 僕は、世界化に向けて一番大事なのは、われわれが持っている日本人ならではの感性、それ自体にものすごい価値があることに気づく必要があると思うんですよ。だけど、それをわれわれは知らないのね。われわれが本当は地球人にならなければいけないのに、日本人って地球人じゃないんだよね。いまだに鎖国状態だと思うよ、俺。だから、国際人に早くなれば、そうすれば日本人の持っている感性みたいなものに、世界がどれほど興味を持って価値を感じているかっていうことに気づくよね。

それはさっきの和食の話でも言えて、和食っていうのは今どれほどすごいことになっているか、おそらく日本人は知らないと思うよね。世界中のアッパー層がこぞって、お金に糸目を付けないで食べる食っていうのは、今や和食だよね。ロンドンでNOBUさんのワイン会をやったときに、お客さんを呼ぶ都合があるので、「一人おいくらですか」って訊いたの。そしたら変なこと言うんだよ。「NOBUさんのテーブルですか、それとも違うテーブルですか」って言うの。「値段違うんですか」って言ったら、「違います」。「料理とかそういうのも違うんですか」って、「料理は一緒です」。「え、テーブルが違うだけ?」みたいな。NOBUさんのテーブルって1000ポンド。今(講演当時)、1ポンド=200円だから20万円。それで、僕らのテーブルは275ポンド、これだって5万5000円ぐらいする、それでも震えるのに。20万円のテーブルってどういう人かって訊いてみたら、自分の飛行機で来ているんだよ。じゃあ安いわみたいな。

だから、本当にロンドンとかニューヨークで、NOBUさんは成功したよね。あれってどういう意味かっていうと、マーケットを世界に置いている、世界のアッパー層が集まる場所に店を開くって話なのね。どのくらいの売上か知っている? たとえば、こないだのニューヨーク。これはマル秘の話だよ。あんまり言っちゃいけねえの、これ。でも、あれ書いちゃうよね。書いちゃうよ。書くなら言えねえよ(笑)。ニューヨークのレストラン一店で数十億円よ（驚嘆の声）。だから、そのぐらいのエネルギーを持っているってことだよ、和食には。だからこれ、われわれが自信を持たなきゃいけない。

また、ロンドンでそのとき30代、40歳前の若い夫婦がイギリス人だよ、「かつお節と昆布は欠かしたことがありません」って言っていた。「毎日、出汁《だし》を取っています」って言うんだよ。俺はご主人に聞いたよ。「かつお節は削っているんですか」って訊いたよ。何て言われたと思う？　その人に。「削らないでどうするんですか」って訊き返された（驚嘆の声）。まいったよ。そんな状況がもうすでに起きている。だからおそらく、あと10年もしてごらん。われわれが和食を彼らに教えられるよ。だって、私たち日本人はもはや誰も取ってねえでしょ、出汁なんか。俺もそうだけど、調味料を振っているだけで。本当にすごいことが起きている。

だから、農業も大変だけど、よく考えてみると、イチゴをきれいに並べたり、サクランボとかキンカンとかパックの中にきれいに並べるでしょ、宝石みたいに。あんなこと世界の誰がやっている？　あれ日本人だけだよ。あれって、世界のそういう飛行機で飛んでくるような人が食べるんじゃねえの。だから本当の価値っていうの、僕らが知らないのかも。日本人の感性で宝石みたいにしたやつは、世界のアッパー層が食べるって。そういうこと考えると、意外に日本の農業も競争力あるかもしんねえよね。わかんないよ。だから、そういう気づかないことがいっぱいあると思うんだよ。

問題は、さっきの価値創造だよね。心を打てばいいわけだよ。心を打つ競争っていうことが、今の生産業に足りないような気がしているな。われわれにもないよね。だから、日本人はもっと自信を持って、国際観をちゃんと備えれば。国際観を持つっていうのは、われわれが日本人であることを誇りにすることを国際観って言ってんだけど、われわれよりも、海外の人が日本をよく知っているもんね。もう言えねえよね。「日本はこうです」なんて言うと、そっちのほうが詳しかったりする。困っちゃうな。本当そういうことがよくある。そんなんで答えになってますか。

【川村】 はい、ありがとうございます。

【長沢】 本当に、日本食はすごいことになっているっていうのは、私も実感していて。

【有賀】 すごいですよ。

【長沢】 ゼミでも言ったけれど、客員教授で滞在していたパリ政治学院のセクレタリーに「鰻の蒲焼が好物。野田岩が美味しかった」と言われて（驚嘆の声）。私は野田岩の鰻を食べたことがないのに……。

【有賀】 皆さんは職人志向じゃないだろうけど、今きっと握り寿司ができる職人さんだったら、おそらく数億円出してくれる資本家は世界中にいっぱいいると思うよ。それほど投資家にとって、和食は一番の投資対象、しかもパートナーは日本人を探している。何でかって真面目だから。だって、こんなに当たり前が違うんだもん、われわれって。そこを彼らはよく知っててんだよ。だからレストランやるんなら、料理人は絶対日本人って思っているよ、みんな。知らないの、日本人だけ。いや、本当に。

【長沢】 それこそ、星付きレストランでオーナーシェフを支えるサブのシェフって、日本人がすごく多いんですよね。

【有賀】 彼らは絶対、日本人と仕事したいよね。そうすると安心だから、いくらでも出すわけ。途中で逃げたりしないもん。途中で、店終わらないのに帰ったりしないでしょ。向こうは平気だから。時間ですとかいって。

【和田（質問者）】 和田と申します。きょうは大変参考になるお話をありがとうございました。昨日、私は大手ビール会社の甘口の赤ワインを飲んで、これはこれでいけるななんて思っている人間なので、質問する資格があるかどうかちょっと疑問なんですけれども。（笑）世界で戦えるワインを造りたいと、あと、まだまだ幼稚な日本において、日本のワインをもって正しいワイン文化を定着させるという、この目標に非常に感銘を受けました。これを実現するための一手法として、御社ががんばるっていうのも当然あると思うんですけれども、国内には志を持ったワイナリーさんっていうのは、いるんじゃないかななんて勝手に思っておりまして、そういったところと緩やかなアライアンスを組んで、狭い日本なんだけど、この地域にはこういったワインがあるよ、ここにはこういった特性のワインがあるよみたいな、そういったことをやっていくっていうのは、日本のワインのブランドだとか、付加価値を高める一つのやり方なんではないかと、私、今お話伺っていて考えたんですけれども、そういった動きっていうのはあるのでしょうか。

【有賀】 今、気づかされた感じですよ。実際、うちが今さっきの45万本ぐらい造っているんだけど、もうすでにマーケットニーズのほうが高いぐらいで、ちょっと足んないよね。それを今以上に増産するワイナリーになるのか、ということを考えると、あまりにもリスキーだよね。だから、同じ志を持つワイナリーと手を組んでマーケットニーズをそれで賄う、そういったことはあるんじゃないかなっていうふうに思う。確かにそれは思います。

ただ、山梨のワイナリーでそれができるかどうかっていうのは、ちょっと疑問なんですね。一つはワイナリーの経営体質で、経営規模が小さいところが多いんですよ、大半なんですね。実は今、オーストラリアのカーリー・フラット（Curly Flat）っていう有名なブランドのワイナリーのオーナーご夫妻がうちのワイナリーに来て、実は一緒に甲州ワイン造りやってくれてるんですね。彼に聞いたら、オーストラリアでは、上位5社が90％を賄っちゃっているんだって。残りの10％を２０００社が割っているんですわ。そんな状況。だから、市場で本当に大半を占めているメーカーと、ちいちゃい経営がいっぱい、それはきっと世界中そういう格好になっているんだと思います。ただ、うちは今の上位5社の中に、俺は入らないと思うしね。そんなにたくさん造りたくないな。量をたくさん造るっていうと、なんか価値が落ちてしまうような気がしている。ちいちゃいところに目がやれないっていうかね。

さっきの日本のワインっていうのは合理的じゃないから、生産性が低い。でも、合理的でないっていうのは、それ自体が価値になる可能性があるのね。そういうことを、僕も最近感じるようになってきた。たとえば、チリのワインって、地平線がブドウ畑っていう広大な場所で造っているわけだよね。だから、ブドウの収穫も機械だし、簡単にいえば、ダンプカーにブドウが載っかっていて、それを開けるとワインになるみたいな話だよ。だけど、日本では全部手摘みだし、きめの細かさが全然違う。だから、そういったことが、これまではコストが高いっていうことに置き換えられていたけど、言葉を変えたらそれが価値を持っているっていうことに気づかなきゃいけない。広大にやるっていうことは、それだけ目が届かないっていうことでもある。いいのかな、そんな話で。ネットワークは組んでいきたいと思いますよ。良いご提案で。

【和田】ありがとうございます。

【有賀】でも、そうすると、僕が今度、ワイナリーじゃなくてワインブローカーになりそうだよね。それはあんまりやりたくないよね。もしやるとしたらそれは別会社にして。僕、今、息子たちが3人ワイナリーを一緒にやってんの。でも将来、3人でやるのは難しいと思うんだよね。部門を分けていかなきゃいけないね。一つは販売会社かなと思っています。そこにネットワークを入れていけばいいかな。

【和田】星野リゾートみたいに、再生屋じゃないんですけども、関与していくことによって緩いネットワークをつくって。

【有賀】それもありますね。実は後継者のいないワイナリーもあったんです。あるいは、醸造家がいなくて困っているワイナリーもあるんですけど、実は今、うちも助けているんですけど、そういったことは今後増えていくと思います。たとえば、瓶詰めの設備なんていうのは、いいものを揃えると結構高価になるわけですよ。ところが、総生産量が1万本の会社も、10万本の会社も、5万本の会社もみんな揃えているわけで、そんなのたとえばうちに持ってきてもらえば、瓶詰めぐらいいくらでもできるわけで。そうすれば、うちの生産性も上がるわけだし、そういった新しい産地の在り方、山梨はワイナリーが集積しているから、よけいにそういうことができるようになっていくんじゃないかな。そういうことは、どんどんやっていきたいと思いますけど。

【加藤（質問者）】 きょうはお話をありがとうございました。加藤と申します。私も勝沼へ行きまして、日川の横でイセハラをいただきました。

【有賀】 ありがとうございます。

【加藤】 すごい素敵な川の横で、500円で5杯飲めるので、皆さん、ぜひ行ってください。

【長沢】 500円で5杯！

【有賀】 よくご存じで。

【加藤】 飲ませていただきました。社長のお話を伺っていて、ご自身の建物に誇りがありますとか、日本ブランドに自信がありますっていうところ、すごく印象深くて、社長が世界に進出したり、ブランド化に成功されているのはそこが秘訣かなと思って聞いていました。

私、コンサルティングの会社に勤めているんですけれども、ちょうど似たような話がありまして、日本の自動車でラグジュアリーのブランドを持っているんだけれども、世界に出ると、いまいち欧米のブランドに比べるとブランド化に成功してないと。その要因はなんでかっていったときに、日本人は日本のブランドそのものにあまり誇りを持っていない。逆に欧米の人たちは、ブランドに勤めている人自体が自分の会社最高、自分のブランド最高って思っていると。そこが違うっていうところをうちの会社が仮説として持っていて、それを今、研究しているんです。それとすごく通ずるものがあるなと思って感じています。

ワインに限らず、日本の伝統工芸品とかそういったものが世界に出ていく、ブランド化していくためには、そういう誇りとか、そこがポイントなんじゃないかなと思って伺っていたんですけれども、社長が誇りとか自信に気づくきっかけになった出来事とかが、具体的にあればお伺いしたいのと、今後、日本人とか日本の技術者の方とかがそこに気づいていくには、どういう体験をするのか、どういったきっかけがあれば自信をつけることができるか、もしご見解があればお教えください。

【有賀】 難しい質問だな。僕も全然ブランドに対して自信はないんだけど。今の日本のものがなかなかラグジュアリーにならない。車なんか俺、実は車、大好きでさ。でも、もし1台選ぶっていったら、やっぱり日本車は選ばれないんだよ。だから、1台選ぶときに選ばれるようなものを作るべきだと思うけど、そういうものは、日本のメーカーは作ってねえように思うよ。たとえば、3台の中には1台置きたいけど、どれでもいいから1台選んでっていったときに選ばれない、それはちょっと駄目だと思うよね。それは質感とかセクシーとか、最大公約数みたいなものが魅力ではないんだよ。最大公約数なんて魅力じゃない、塊みたいなもんだと思うよ、俺。だから、欠点なんかあったっていいんだよ。それよりも魅力、手にしたいもの、そういうものを持っている気がうんとするよね。だって、車に限らず、ああいう誰もが知っているブランドって、みんなそうじゃねえかな。どうあるべきだっていうものを備えているよね。日本のやつって、はっきり言って、全部生産性からきたり、合理性とかそういう違うところを切り口にしてるでしょ。だから、僕はあんまり好きじゃないの、日本の工業製品というのは。

壊れないとか、そういうことだけじゃないよね。先生のいうスイスの時計と日本の時計みたいな、精度でいったら断然日本製なんだもんね。一日に何秒か狂う時計だけど、向こうのほうが魅力なの。どうもその辺だよね。ブランドってその辺じゃないのかな。

【加藤】エッジが効いているとか、他と違うっていうポイントが必要ってことなんですよね。

【有賀】何だろう。哲学みたいなもの。魅力がないと。そのものが主張する個性みたいなもの、それが大事だと思うな。質感っていうのはものすごく重要だよね、質感。日本のものって質感に欠けるよね。

【長沢】あともう一つは、社長が気づいたきっかけ。

【有賀】僕はさっきの説明のように、大学卒業してすぐに会社入って何より辛かったこと、それは自分の商品が売れないことだったよね。良いもの造ろうなんていうのは、メーカーであれば当たり前のことであって、良いワインなんての、それで生産者っていいワインができるとまるでゴールインかのように感じているけど、そんなのスタートだよ。良いもの造るって当たり前のことだよね。良いものができたらスタートラインに立っただけであって、そこから先が競争だよね。そのときに良いものっていうのは、俺が良いって生産者が決めるんじゃなくて、お客さんが決めるんだよね。だから、そこだよね。お客さんが決めるんだけど、そのときにわれわれが何かお客さんに言うときに、自分に自信が持てるものでないと薦めようがないから。だから、そういうものを造るってことだけはわかったよ。

あとはさっきの伝道師。僕と同じ価値観で、僕のワインを、これ良いワインだよっていうふうに伝えてくれる人、いわば、うちの会社の営業マンみたいな役割の人を外側にいっぱいつくっていくこと、それはカギなんだ。10年前にある出会いがあって、これも大きかった。うちの特約店制度っていうのは全国の酒販店なんだけど、そういう制度をスタートしたのが2004年でしたけれど、その前年の2003年に大阪の酒販店と、岐阜と福井の3人の酒販店がうちに突然やってきて、ワインテイスティングして、「これムルソーみたいですね」って言ったのね、大阪の酒販店。ムルソーっていうのはフランスのブルゴーニュ地方の白ワインだけど、いわば最高峰の白ワイン。「甲州ワインだけど、まるでそれみたいだ」って言ってくれたの。すごい嬉しかったんだけど、でも、それと同時に「有賀さんはいいワインを造ることだけを考えてください。僕らが売りますから」って言われたの。今もその人に販売店としての姿勢、10年以上経っているけれど、今も教えられているよね。

それで気づいたのは、その人と同じような人でないと商品をお分けしちゃいけないっていうことに気づいたの。それぞれ人って、ものに対する価値観とか、僕のものに対する思いとかみんな違うわけ。だから、うちのこのワインを市場に伝えることによって、日々、僕と一緒に伝えて喜びを共有しようみたいな、そういう人ってやっぱり存在して、その一人の人に会うと、違う温度の人に会うとちょっと変なことに気づくわけ。「売らない営業努力」っていう意味が初めてわかったよね。営業努力っていうのは、少しでも多く売るっていうのも営業努力だけど、ひっくり返すと、売らないっていうのはどれほど大切な営業努力か。

だから、感性の合う人に販売をお願いする、その人と同じような価値観の人をお願いしていくっていうこと、そうしないと失礼になっちゃうんだ。思いが違う人に届ける、たとえば、さっきも出たけど、スーパーね。スーパーっていうのはいろんな商品を並べているわけでしょ。お客さんが選ぶわけだよ。それで、かごに入れてレジ通って出てくるわけで、どこにも生産者の考え方や思いは映ってないよ。だけど、その酒販店さんから教えられたのは伝道師だから、それ。信者だよね。宗教でいえば、宣教師みたいなものだね。「このワインが最高だよ」って言い歩いてくれているわけ。面白いのは、日本のワインはうちのしか扱ってないの、その人。でも、こっちの人は3種類も5種類も120種類も扱っているとしたらおかしいでしょ。価値が合わなくなっちゃうっていう感じ。そういうことに気づいてきた。だから、ブランド構築っていうのは、そういう仕組みがみんなうまくいってないとできないんだ。

良い商品であるの当たり前。だけど、その良い商品を市場の中でお客さんの高い信頼を得ていくためには、変なところに置いちゃ駄目。たとえば、大手の某社のワイン、ホームセンターに置いてあるんだよ。ホームセンターに置いてあるワインだよ。これをたとえば帝国ホテルでサービスしたら変でしょ。パッと見たとき、変じゃん。だってね、ルイ・ヴィトンをスーパーで売ってちゃ変でしょ。そういう感じ。それがわかった。だから、うちの仕組みっていうのは、おそらく真似できないよね、そういうの。ワインでは初めてなんですね。

もう一つはワインでありながら、うちは和酒流通に乗せているんですね。なんで和酒流通かっていうと、和酒を扱っている酒販店さんっていうのは、蔵元と伝え手としての酒販店の関係、その信頼関係っていうことがよくわかっている人たちなんですよ。

対して、洋酒っていうのは新しい商材だから、蔵元と伝え手っていうその関係が希薄で慣れていない。本来の流通って、伝え手と造り手との、二つの揺るぎない信頼関係のもとにできているもの。そこに新しいアメリカ的なスーパーとか量販店、コンビニ、そういった新しい業態が出てきているわけで、あれは次の日本ライズされたああいうものに変えていく必要があると思うんだけど。最近、ちょっと変わってきているんですよ。たとえば、品切れは絶対許されなかったコンビニが、今は許されるようになってきつつあるんだ。だって、あれも無駄だよね。お弁当を3分の1ぐらい捨てているわけでしょ、あれ。おかしくねえ？　売り切れでいいと思うよ、俺。だって、あれもコストになっている。捨てるほうをやめて、販売分をちょっと安くしてもらえばいいと思うけどね。それ、消費者理解をこれからは仰ぐ必要があるんじゃないの。賞味期限の問題だってそうだよね。別に売り切れでいいんじゃねえの。年中取れるようにしておくっていうことが問題だよ。すごく思うよ。

【長沢】 実はこの授業の第1回目にお見えになられた、銘酒「久保田」の朝日酒造の細田社長も特約店制度を採ったということでした。だから、けっこう同じように酒販店の信頼が大事だとおっしゃっていました（編注：本書第2章）。

【有賀】 そうですね。本当に、その大阪の酒販店さんとの出会いがなかったら今の僕はないですね。全くないですね。そう言われたときも、僕は腹の中では実は笑っていました。そんなことあり得ないと思いました。「良いものを造ってください。僕らが売ります」と言われたけれども、そんなことが起きるわけがないと思っていました。でも、今、実際に起きていることなのでね。

【長沢】 それは確信に変わるのに、どのぐらいかかったんでしょうか。

【有賀】 10年近くかかりましたね。やっぱ売れないですからね。売れるようになるまで、そういうふうには考えられなかったですよ。本当に感謝していますよ。

【長沢】 もう時間もだいぶ超過して、延長していただいておりますけれども、最後に私の特権で私が質問します。「勝沼醸造らしさ」といったら、社長は何と表現されるでしょうか。

【有賀】 何があるかな。勝沼醸造らしさ？ 自然かな。

【長沢】 自然？

【有賀】 売上とかあんまり考えていないね。でも、良いもの造ろうっていうことだけは常に考えてきたんで。どこよりも良いものっていうのは、どうしたら良いものができるかとか、他より良いもの、それだけは常にやってきたけれど。勝沼醸造って何だろうな。たとえ一樽でも良いものっていうのはうちの理念だけど、今も全くそうですよね。

【長沢】 そう思って自然体で良いものを造っていったら、いろんな出会いがあって、何か策略、戦略なんて回さなくても、結果としてブランドになっちゃったって感じでしょうか。

【有賀】ワインも例のイセハラとの出会いなんていうのはいい例で、イセハラっていうワインに出会えてないと、おそらく、今の自分の心境になれなかったと思う。人間はどうしても傲慢だから、技術っていうものですべて、ものが出来上がるように感じるんだよね。だけど、ワインの場合はブドウから造るもので、ブドウ自体が自然が凝縮したもので、ブドウをワインにするっていうのは、大げさにいったら自然を生かすっていうことなんだよね。技術は自然を生かすためにあるもので、一番上のものって自然なんですよ。自然があって技術があって形があるのね。その構造っていうのは、全然永久的に狂わせられないんだよ。だから、原発にもいえるんだけどね。

人間は自然に生かされてるから、自然を冒涜することは手を付けちゃいけないんですよ。それは人間だからね。手を付けるっていうことは、人間以下になるっていうことだよね。ワインもそうで、自然を生かすのは人間が持っている技術、で、形、ワインっていう形。こういうことにワインをやっていて気づかされた。これ、イセハラに出会ったから。イセハラに出会えないと、技術になっちゃうんですよ。これも批判になっちゃうけど、某ワインもそういうのがあるんですよ。香りがすごく華やかなワインなので、甲州でもこういうワインができるんだっていうことを他は思うわけ。それで、それに追随したようなワ

受講生と記念撮影

インを一生懸命造ろうとするわけ。でも、それは技術でできるワインで、自然が生み出すものじゃないよね。そういうものは価値ないんですよ、実は。だから、ロマネコンティっていうワインがあるけど、あれは自然が作り出すから価値が高い。あれ、もし技術でできていたとしたら、何の価値もないよ。

【長沢】ワインはブドウからできるわけですから、ブドウがそれこそ自然のもので、出来不出来もあるでしょうし、量だけじゃなくて質もあるでしょうし、たとえば、毎年ブドウが採れて今年のブドウの出来はいいぞっていったときに、このブドウの良さを最大限生かしてワインを造るんだと、そういう感じでしょうか。

【有賀】 そうです。

【長沢】 そのとき、お客さまって意識されますか。お客さまの顔を浮かべながら。

【有賀】 それは心配になるっていうことはよくありますね。毎年ワイン造りに向かうときに、去年よりいいものを造ろうと思うんだけど、だけど、どうにもならないのは気候だよ。たとえば、雨が多い年もあるし、決して去年よりいいってことは言えない。でも、そういう年でも、なるべくお客さんの期待を損ねないようなものにしたいわけだよね。そういうことでは向かうんだけど、どうしても変えられないのは日照時間とか、自然条件は全然変えられない。これはどうしようもない。さっきの自然っていうものの中には土壌の構造、質、土地の傾斜、陽の当たり方、時間、雨量、風の吹き方、そういったこと全部がブドウに備わってるわけ。だから、ブドウってすごいことなんだよ。

ワインの場合は単発酵だから、他のもの何にも使わないってことで、全部ブドウだから。だから、如実に原料と製品の関わりが深く反映しちゃうんですよ。人間はそこに携わるだけなんだけど、ただ面白いのは、最近気づいたんだけど、たとえば、ブドウからジュースを採るのにも、ジュースの採り方っていろいろあるのね。空気を外して粒だけを絞るとか、空気を外さないでそのまま絞るとか、時間をどのぐらいかけるかとか、あるいは圧力をどのぐらいかけるかとか、やり方っていろいろあるわけ。でも、いずれにしても、採れたジュースよりもおいしくはならないんだよ、ワインは。だから、ジュースの採り方は生命線。最近、そこに気づいて、プレス機にだいぶ費用をかけたけど、新しい設備を更新したり、あるいは、今までには考えられなかったようなジュースの採り方をしたり。最近、アルコール9％で、味わい深いのができそうなんですね。それやったら、また後ろ指を差されそうです。また業界で初めてみたいなことやるので。おそらく世界が驚くと思います。

【長沢】 何かジャパンブランドとか、そういった政府の補助金とかそういったものは受けずに？

【有賀】 僕、補助金申請するのがうんと下手で…。全部自前でやっちゃっているんです。でも、最近は省エネとかで補助金申請をしているので、次の設備はそれを申請しようと思いますけれど。

【長沢】 ジャパンブランドとかいって、補助金をいっぱい出しているけれども、あんまり成功せず、一方、御社のように独自でうまくやっているところはそういう補助金に頼っていない。私は、国の施策の大きな間違いじゃないかと思っているんですけれど。

【有賀】うちの業界でも、補助金を引っ張るのが上手な会社もあるので。すごい桁違い。

【川村】そういうところに対しては、社長どういうふうに？

【有賀】あんまり僕、上手じゃないから。うちのスタッフも言っているんだけど、去年も4000万円ぐらい設備投資したんだけど、それだって補助金を付ければ半分ぐらい出た。もったいないね。下手くそですみません。（笑）

【川村】いえいえ、ありがとうございます。

【長沢】なんともう21時を回っていますね。とても熱心に熱く語っていただきました。あらためて有賀社長に感謝したいと思います。どうもありがとうございました。（拍手）

2

朝日酒造株式会社
――銘酒「久保田」：ブランディングとは価値づくり

ゲスト講師：朝日酒造株式会社　代表取締役社長　細田　康氏
開催形態：早稲田大学ビジネススクール「感性マーケティング論」〈第1回〉
日　時：2015年9月25日
会　場：早稲田大学早稲田キャンパス3号館601号室
対　象：WBS受講生

●会社概要●

朝日酒造株式会社

代表取締役社長：細田　康

設　　立：1920年（大正９年）、創　　業：1830年（天保元年）

資 本 金：１億8,000万円

売 上 高：79億円

従 業 員：183名（2018年４月現在）

本社所在地：

〒949-5412

新潟県長岡市朝日880-1

TEL 0258（92）3181　FAX 0258（92）4875

https://www.asahi-shuzo.co.jp/

細田《ほそだ》　康《やすし》　略歴

1966年生まれ。東京理科大学理工学部応用生物科学科卒業後、徳山曹達株式会社（現 株式会社トクヤマ）入社。1995年、朝日酒造株式会社へ入社し、製造、営業、情報システム、人事総務を担当。2005年同社営業部長、2009年同社取締役を経て、2012年12月同社代表取締役社長に就任、現在に至る。

2017年には「久保田純米大吟醸」を発売。また、スノーピーク社とのコラボレーションによる「久保田雪峰」を発売するなど、久保田がすべてのお客様の心に物語を残せる酒になることを目指し、取り組んでいる。

【長沢】本日は銘酒「久保田」や「朝日山」で有名な朝日酒造の細田康社長をお迎えしております。（拍手）

【細田】あらためまして皆さん、こんばんは。

【一同】こんばんは。

【細田】朝日酒造の細田と申します。ただいま長沢先生からご紹介いただきましたとおり、朝日酒造6代目の社長ではございますけれども、6代目にして初めて非創業家からということで、社長を2012年からやらせていただいております。

今日は特に「久保田」を中心にお話を申し上げたいと思っております。久保田という商品は1985年、ちょうど30年前に世の中に出されました。日本酒っていうとずっと昔から販売されているイメージがおありの方も多いかと思いますけれども、本当にある意味、マーケティング的に意図して、この30年、40年の間に売り出した日本酒の中では、比較的一定の成果を収めたお酒の最初の例といわれることも多いのでございます。私はまだ久保田が生まれた頃は高校生、大学受験の頃で、酒は飲めなかったので、本当の意味でのライブ感を持ってお伝えすることはできないんですけれども、私どもがどんなことを考えて物を作り、あるいは人とのご縁をつないできたかというあたりについてお話を申し上げたいと思います。ビジネスに関して勉強していらっしゃる皆さま方に、本当に学習意欲旺盛な方々に対して、ちょっと恥ずかしいところがございますけれども、お聞きいただければと思います。本日はだいたい6項目について、中心は4、5、6になりますが、お話をさせていただきます。

まず自己紹介をさせていただきますと、細田と申します。大学時代は生化学を東京理科大学で学び、バイオの研究をしておりまして、尿酸の分解酵素、要は痛風を治す薬をどう効率的に生産するかというような勉強をしておりました。卒業してから化学メーカーの研究所に勤めまして、将来、高脂血症になるかもしれない因子を分離するとか、あるいは梅毒等、感染症の迅速診断の研究をしておりました。

朝日酒造には約20年前に入らせていただきました。たまたま自分のクオリティ・オブ・ライフを考えたときに、小中学校と新潟に住んだものですから、そのとき、非常にいい場所だなと思ったこともあって、いずれは新潟に住みたいと思っていたんですが、30歳を目の前にして、決めるなら今だということで。たまたま知り合いの方が朝日酒造にいまして、「おまえもばい菌屋か」と、ばい菌つながりで入れていただいたというところでございます。

朝日酒造に入ってからは全くそれまで勉強したことを活かさず、情報システムの課長ですとか、総務課長とか営業部長とかをやってまいりまして、２０１２年12月から現職でございます。そういった意味では、マーケティングとかそれ以外の情報システムにしても何にしても、体系的な教育を受けたことはなくて、すべて実践の中から学んできたという人生です。まだ50年ではありますけども、このように歩んできたわけであります。

酒とは何か

本題に入ります前に、久保田を出す前に、もろもろマーケティングの先生とかにご相談したときに、「酒が売りたい」「酒が売りたい」って相談に行くわけですけれども、じゃあ「酒って何よ」と、当社の開発者に言われたわけです。酒って一体なんなのよって。そのときに久保田の生みの親の方が一生懸命考えたわけです。

酒とは何かと問われてですね、さんずいは水。そしてこの「酉」っていうのは「つぼ」の意味があります。あるいは平仮名で、分解すれば当然、「さ」と「け」ということでございます。じゃあ、「さ」と「け」って何だろうというと、古語とか、民俗学の辞典、辞書を開きますと、結構いろいろ出てきます。「さ」っていうのは神のご沙汰、さだめ、あるいは榊とか、そんな神がかったものに付く接頭語という解釈ができます。また、「け」っていうのは皆さんご存じのとおり朝げ、夕げ、まさにご飯っていうことで、ここまで申し上げると当たり前でおわかりだと思うんですけど、「さけ」は「神様のご飯」です、という笑い話もございます。

でも、酒っていうのはお神酒《みき》じゃないかと。もともとお神酒っていうんじゃないのっていうこともあって、その辺から現代とのつながりを見てみると、お神酒の「き」っていうのは、古語で調べると酒の古語なんですね。民俗学では体内から発する漿液《しょうえき》、いわゆる唾液とか精液とかそういったものでしょうね。生命の根源としての勢いというような意味もございます。ですから、神様の勢いですね。人間というのは神様から生命の根源の勢いをいただいて生きている。

神っていうのは「上」、読みが一緒ですからそういうふうに捉えて、年長者、目上の人っていう言い方もございます。お酒の席で「お流れいただきます」なんていう座敷の作法みたいなものもありますけれども、それのもともとの意味は目上の方が飲んだ杯でその力をいただきたいということで、「お流れいただきます」と。今は消えかけていますけれども、そんなことが現代に続いてきたという、ちょっとしたお酒にまつわるご紹介でした。

朝日酒造の紹介

会社のご紹介をまずさせていただきます。私どもの朝日酒造が酒造りを始めたのは１８３０年、天保元年でございます。江戸末期に久保田屋として、現在の場所で創業いたしました。１９２０年、朝日酒造株式会社として、会社組織になりました。明治で２蔵、大正で３蔵目を作っているくらい設備投資にはわりと早い時期から比較的旺盛な意欲を持っている創業家でございました。

この琺瑯《ほうろう》タンクっていうのはそれまで酒を仕込むのは木桶だったんですけれども、衛生面でよくないということで、ル・クルーゼの中みたいなタンクですね、そういった衛生面に配慮したタンクを7本購入しながら、タンクを作る会社までつくったりしておりました。ですから、もともとそういう当たり前の安全とか安心っていうものに対する設備投資っていうのは重要なことである、という位置づけを持っている会社でございました。

写真１　社屋外観

酒屋というと、なんか木戸をガラガラって開けるような感覚をお持ちでしょうが、ちょっと当社は趣が異なりまして、コンクリート打ちっぱなしです。近くには渋海川という川が流れています。精米所、調合精製棟といって、アルコール度数を15度に調整したりする処理を行う建屋、仕込み蔵、貯蔵棟、出荷の倉庫、排水処理棟、社屋…といったふうに並んでおります。

こんな感じで25年間、久保田発売後の１９８６年から設備投資を続けてまいりまして、合わせますとだいたい２５０億円くらいの投資でございます。私どもは線路と道路に挟まれた限られた土地にございまして、広い場所を求めて移動すればいいじゃないっていう考え方もあるんですけれども、場所が変わると井戸が変わって水が変わるんですね。ですから、限られた場所の中で、スクラップ・アンド・ビルドし続けているというところでございます。

業容としましては、おかげさまで今のところ、吟醸酒以上のお酒では全国1位のシェアをいただいております（講演当時。現在は全国3位）。また新潟県の中では、一番多く出荷させていただいているメーカーでございます。だいたい吟醸酒の10％前後ですね、10本に1本は当社と。吟醸酒を10本飲めば、1本は私どもの会社のお酒だと（講演当時。現在は6％のシェア）。

また、意外とネット上では地酒大手とか言われてしまうんですが、全然大手ではなくて、総出荷量で見ますと、全国で14番目、出荷総量のシェアとしてはたかだか1・2％というところでございます（講演当時。現在は全国13位）。お酒の業界っていうのは非常に小さい蔵が、千いくつもあるくらいですから、トップの白鶴さんでもやっと10％いくかどうかというシェア構造の業界でございます。

輸出量も、地酒メーカーとしては、ほぼ上位のほうでございます。売上高は、今はだいたい84億円、今年88億円の着地予定でございます。経常利益は20％前後で推移しています

資料1　朝日酒造の経営理念

経営理念
我が社の経営目的は、
我が社の社会的存在価値を高めることである

経営哲学
正道を歩む

社是
我が社は、誠意・創意・努力をもって顧客の
要望を満たす

（講演当時。現在は売上高79億円、経常利益13億円）。従業員も180人ということで、ある意味、本当に田舎の中小企業であります。

私どもが掲げている経営理念でございますが、「我が社の経営目的は我が社の社会的存在感を高めることである」です。なかなか社会的存在価値を高めるっていうことをあげる会社もあんまり多くはなくて、私も入社したときに、「これだと何やってもいいと取られかねないですよね」って当時の社長にお話をしたら、「じゃあ、おまえが考えろ」と言われてしまいました。基本的に今の解釈としては、朝日酒造がこの地に、この土地にあってよかったと地域の方々から、まずは言われる会社になるということです。新潟県以外にご商売させていただいているときに、地元でろくなこ

と言われてない会社がどんなに外面がよくても、まずやっぱり地域の中で存在意義のある会社にならなくては、というふうな解釈をまず第一歩として、入社した社員には徹底をしております。

哲学としては「正道を歩む」と。税金もいっぱい払う。節税もしないと。総務課長時代に節税しようと言ったら怒られました。税金を払うのが社会貢献の第一歩だと。そういう徹底をされております。そして社是が「我が社は誠意・創意・努力をもって顧客の要望を満たす」。これは多くの他の会社さんと同様でございます。

久保田とは

久保田の育成のところを、今回お話を進める前に簡単にご紹介させていただきます。

久保田というのは、実は6種類ございます。萬寿、千寿が一番有名なのかなと思いますけれども、他にご存じの方いらっしゃいますか。

資料2 「久保田○寿」は6種類

（受講生から「碧寿」「紅寿」との声）

すばらしいですね。ありがとうございます。そのとおりですね。数字シリーズと、今、お話があった紅寿、碧寿、翠寿と、定番商品としてはこの６種類ございます。最初にこの百寿、千寿っていうのを１９８５年の５月に出しまして、86年に萬寿、紅寿っていうのが88年に出て、以降27年間、基本のラインアップはこのままということで、事業の寿命は30年といわれる時代に、よくこの基本アイテムでやってこられたなというところでございます。

それで、久保田っていうのは、後々お話ししますお取り扱い契約を結ばせていただいた久保田会員店さん、現在、全国に７８０店ぐらいあるんですけれども、そのお店だけに商品供給をさせていただいております。時々、スーパーさんとかディスカウントストアさん、あるいは、百貨店さんで売られていることもあるんですけれども、百貨店さんは、全国でも西武百貨店さん以外ではお取引はございません（講演当時）。1970年代初頭、「朝日山」の東京進出時にお世話になったご縁で、たまたま西武百貨店さんだけ。あとはスーパーさん、ディスカウントストアさんっていうのは会員店さんではございません。

でも、「そういうところに並んでるじゃん」っていうところは、「越乃寒梅」「八海山」「久保田」が有名になった頃から会員店さんのところに買い回って、別のところへ転売するというアンダーグラウンドなルートが確立してしまいまして、そういうことをやったところに供給しないとすると、独禁法のほうで私どもが怒られる。価値を守ろうとする行動に対して、守ってくれる法律は基本的にないのです。なおかつ高く売られることに対しても。

久保田の千寿2400円の商品が、たとえば5000円で売られていたら、お客さまは5000円の期待値を持つ。でも商品設計は2400円ですから、そこにギャップが生まれる。ですから、このルートっていうのは非常に私どもも困って、そういう対策もいろいろとやったりしていますけれども、なかなか効果が上がってこない現実もあります。

酒税法的にもあまりよろしくない行為なんですけれども、なかなか味方になってくれる法律がないんです。

そして久保田をお取引しているお店で、ネット通販をしている会員さんもございません

（講演当時。現在は免許上可能な店では販売）。もともと対面販売ということを重視していたことと、ネットで提供できるのは視覚と聴覚のみであって、だいたい４０００円ぐらいする比較的お高いアルコール類を売っているわけですから、しっかりと五感で感じていただける売場で売っていこうということです。

大ざっぱに久保田の形式的な話だけを最初にしますが、今、他社が全部追いついてきましたけれども、他社より５％くらい高いマージンでした。その代わり、お約束事をご理解いただいて、取組みをしっかりやるって言っていただいた方にご提供する。ほかに、年間一括受注とか、商品を問屋さんを通さずに小売店直送とか。メーカーから販促品とか販促費はない。テレビとか新聞とかに広告出すなとか、ネット掲載駄目とかっていうのももうちょっと前までありました。後の２つは私が社長になってから改定して、もうちょっとしっかり発信していきましょうっていうようなことに変わってきています。

そんなことで、30年前からこういうことを始めてどうなったかっていうと、久保田発売前はだいたい売上高40億円弱で、利益7億円、８億円の会社が、その15年後の２０００年には売上高１１０億円、経常利益が30％を超えるというところまでまいりました。今、リーマンショックと東日本大震災でまた、95年前後の80億円台半ばぐらいまできていますけれ

資料３　久保田発売後の推移

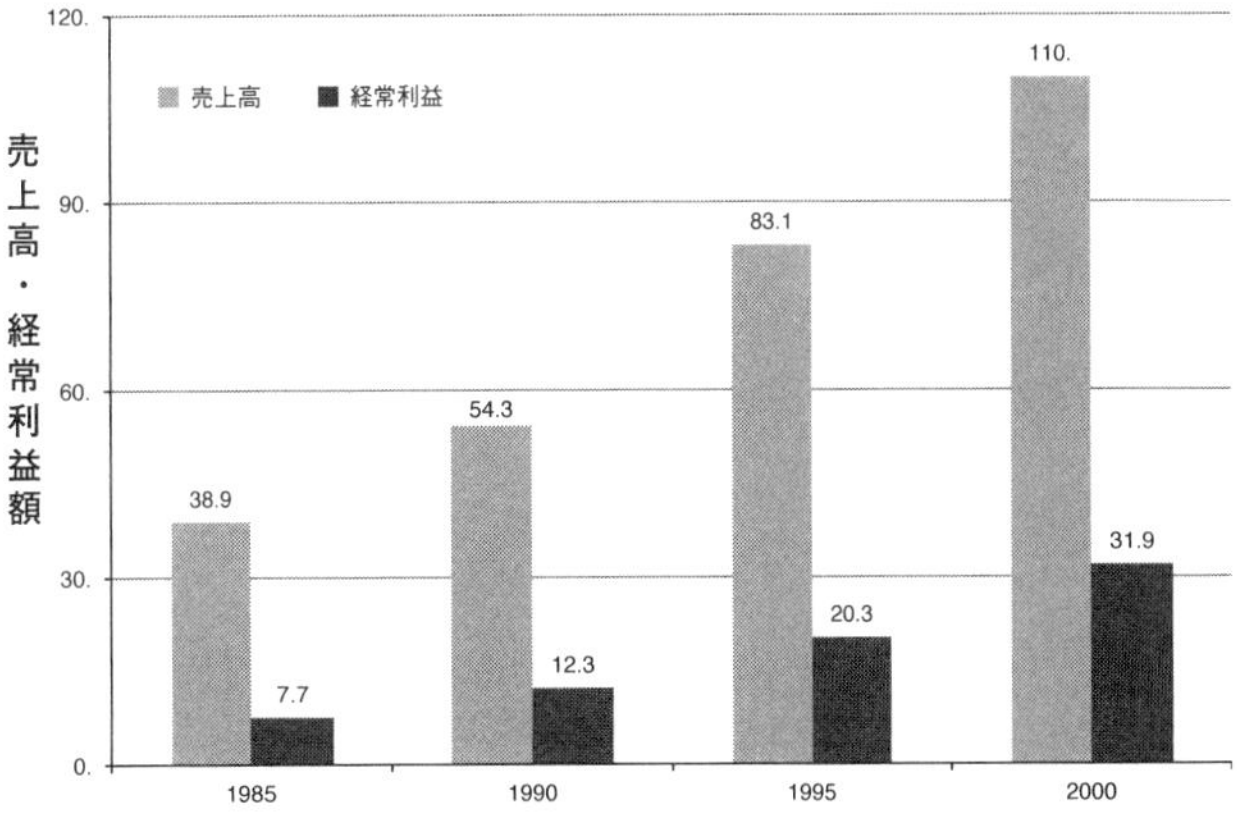

ども、また今年、何とか88億円まで戻してきたというところでございます。

というようなことがだいたい久保田のオーバービューでございまして、これからどうやって生まれてきて、どうやって育成していったのかというところを、いろいろお話をさせていただこうと思います。

お客様の変化と市場の変化「久保田誕生」

久保田のお話をするにはまず、新潟県のお酒がどうだったかということをご理解いただいたほうがよろしいかと思いますので、まず新潟のお話をちょっとさせていただきます。

新潟県、今では全国で3番目のお酒の出荷量です。いわゆる灘、伏見といわれる兵庫、京都、二大お酒の産地に次ぐ、3番目の出荷県になっておりますけれども、昭和50年代の半ばまでは、決して酒造りの先進県とはいえない状況でございました。全国でも7番目、8番目ぐらいの出荷量の県でありました。その頃の新潟県っていうのは、新潟県というか日本全体でどちらかというと、濃くて甘いお酒が非常に受けていたという世の中でありました。

ただ新潟は、そういうお酒を造る原料に恵まれなかったんですよね。まず一つは軟水。これは広島も軟水ですけれども、軟らかいお水、硬度の低いお水でありました。そして五百万石っていうお米がどうしても、どっしりした味というよりは、わりと線が細くてきれいなお酒ができやすいお米であったということで、ちょっと原料的なミスマッチもありました。

そんなこともあって、当時の新潟県内の各社は、とにかく灘、伏見みたいな濃いお酒を造りたいと思って、灘からタンクローリーでお水を持ってきたり、西宮から水を持ってきたりとか、向こうの杜氏さんを呼んで、酒を造ってもらったりっていう涙ぐましい努力をしたのでありました。本当に灘、伏見のようなお酒を造りたい。今でこそ新潟の料亭さんといわれるところは、ほとんど基本的に使うお酒は新潟のお酒だけですけれども、昭和40年代は白鶴さんとか、月桂冠さんというようなお酒が、新潟の中心部で当たり前のように使われていたという時代でございました。

もう一つ、お酒の大事な原料の米について見てみます。実は新潟県のお米っていうのも、今でこそ全国のいいお米の産地といわれておりますけれども、昭和30年代あたりは大した評価じゃなかったといわれております。昭和初期なんかは、とりまたぎ米といって、鳥もつつかずにまたいでいくってことで、それほどおいしくない米だったともいわれています。昭和30年代になってもなかなかいい評価は得られなかったんですが、昭和31年にコシヒカリというのが生まれて、その後ＪＡさんとかいろんな方々の努力で、昭和54年にコシヒカリが全国作付面積1位になって、お米のよさも認められてきたっていうことが、新潟県のお酒が認められてきたのと遠からず相関をしているんだろうなと思われます。

私どもは酒米の研究のために、25年前にあさひ農研という農業生産法人をつくっておるんですが、そこの顧問をやっていただいていたのが、コシヒカリの名付け親の先生でございました。やっぱり「酒の品質は原料米の品質を超えられない」っていう昔の杜氏さんの格言がございまして、お米、原料にとことんこだわるという姿勢がございます。

また、新潟のお酒っていうと、越乃寒梅さんをはじめとして吟醸酒っていうものへの取組みを外すことができません。先ほど申しましたとおり、濃いお酒っていうのが本当にもてはやされていた時代ではあったのですが、戦後から、ずっと醸造試験場の田中先生という方を中心に徹底的な指導をした「研醸会」という吟醸酒研究会がございました。とにかくその昔の限られた設備、人の中で徹底的にこだわった、きれいなお酒を造るという研究会でございました。それがやがて淡麗辛口という言葉が全国的に広まっていく先駆けとなったわけでございます。

そういう時代背景のなか、実は日本酒っていうのは、昭和48年が出荷量のピークでございます。ピークアウトになった後、完全自由化になるという皮肉な業界であります。もう本当に40年間ひたすら落ち続ける業界です。

資料4　需要のピークアウト到来

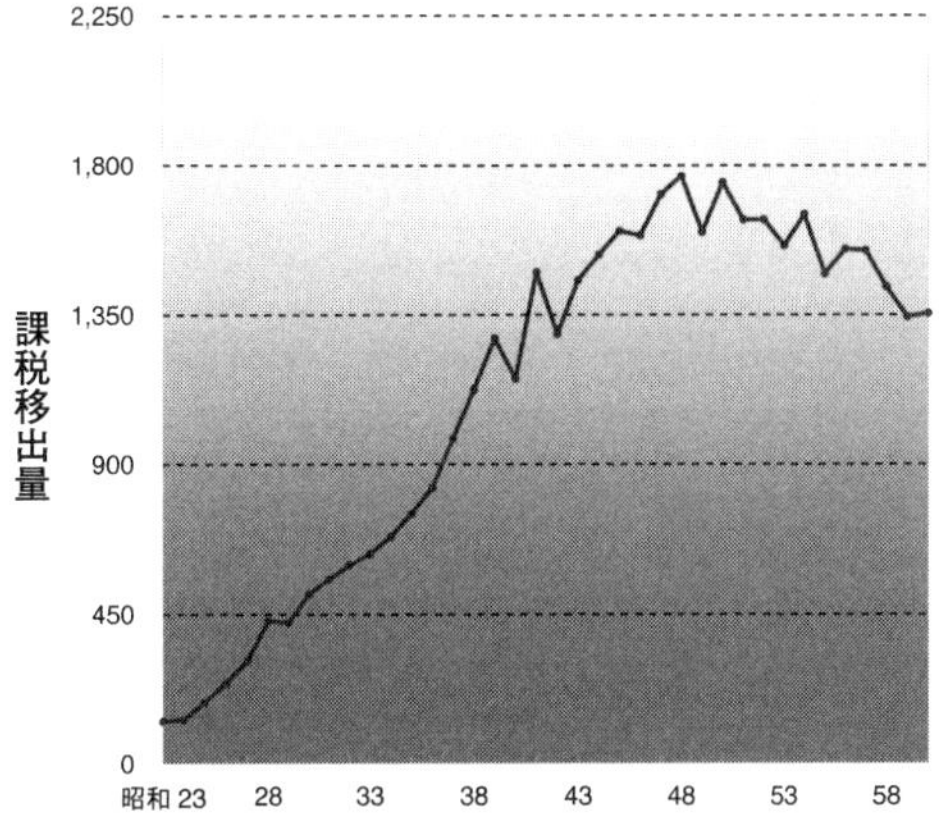

その頃、うちの会社がどうだったかということですが、酒っていうのは、もともとアルコールによる酒税がありますから、非常にいろいろと統制のきつい業界でございまして、お酒の価格、あるいは買っていいお米の量とか、どれぐらい造っていいかということは、全部お役所に統制されていました。要するに米も自由に買えない、造る量も決められているっていうんで、ちょっと売れる蔵は、別の蔵に造ってもらったお酒をタンクローリーで買ってきて、自分のところの調合設備でブレンドして出す、そして出荷量を増やすっていうことがあったわけですね。

私ども、朝日酒造も昭和50年のちょっと前に、生産規制が解除されて完全自由化になるっていうのがわかっていましたので、その当時の会社の方針としては、シェア拡大を目指すということでありました。自由化になったときにどれだけシェアを取るかっていうことで、考えていろんな設備投資もやっておったのですが、その結果として何が起こったかというと、やはり八方美人の、個性のない酒質となっていたようです。結局いろいろな投資もしたんですけれども、販売はほぼ横ばいというところでございました。

つぶれかけてから復活するほうが話題性は高いのでしょうが、新潟県で一番のまま、自己革新を図ろうというところだったので、ちょっと話題不足だったのかもしれません。この停滞したことに、当時の社長は非常に危機感を感じまして、このままではまずいということでいろいろ考え始めたわけでございます。

二人のキーパーソン

そこでキーになってくるのが、私の2代前の社長ですね。創業家は平澤家というんですが、4代目の社長の平澤亨さんという方と、新潟県の醸造試験場の当時、場長でいらっ

写真2　二人のキーパーソン

朝日酒造（株）
4代目社長　平澤 亨

新潟県醸造試験場
場長(当時)　嶋 悌司

しゃった嶋悌司さんという方でございます。後でお話ししますけれども、この嶋悌司さんという方は後に当社に入られて、工場長、専務という立場で、久保田の開発を進めていかれたのであります。

まず4代目の社長は、自分の父親が取った方針、すなわちとにかく万人受けしようとして、シェア拡大のために造ったお酒が、うまくないなと。素直にうまくないなと思ったらしいんです。「酒屋の王道っていうのは、お客さまの満足を最大化することだ」というのが口癖の方で、だからこそ、客観的に自分のところの酒の自己否定ができたのだと思います。あれだけ県のトップを走っていて、なおかつ売上も極端に下がっていないっていう状況で革新しなきゃいけない、この味じゃ駄目だと思ったところがこの人のすごいところなんだろうと思います。

そして、もう一人の方、嶋悌司さんという方。醸造試験場の場長さんで、ご存じの方はいらっしゃらないと思いますけど、昭和45年頃、あかい酒っていうのを開発して売り出したんです。色素を添加せずに、紅麹を使って本当に発酵段階から赤くなるっていうお酒を造られた方です。なんで造ったかっていうと、バーのマスターに「チンザノみたいにもうちょっと色合いで楽しめるお酒ないの」って言われたのがきっかけとのことです。

その後、今度は食生活が変わってきて肉を食べる人が増えてきたので、肉に合う日本酒を造ろうということで、肉食に合うお酒の開発をされました。いずれも商業的な成功は別として、やはりそういった技術的な革新と、お客さまの変化というものに敏感な技術者でいらっしゃいました。

冒頭の「さ」と「け」の話もこの方が調べたんですけど、文化から民俗学から、非常に多岐にわたる才能あふれる方で、酒造業界の寺田寅彦みたいな方だという印象を私は持っています。

この嶋さんは何を考えていたかっていうと、醸造試験場の場長ですから、新潟の酒を全国の方々に評価していただきたいっていう思いがあったんですね。やはり灘、伏見を相手に新潟の酒を発信するにはどうしたらいいかと常に考えていた。小さい蔵元さんがいいお酒を造ったとしても、それは結局、幻になってお客さまの手に届かない。だから、新潟県で一番大きい朝日酒造をでっかくして、いいお酒を大量に造れる会社に改造して、新潟清酒の総合力っていうのを高めていこう。要するに旗艦として、朝日酒造が量・質ともにトップに立って、そこの裾野が広がるように新潟県のお酒、全体の総合力を高めていこうというふうな構想を立てたわけでございます。そんな思いで、後に私どもの会社に入ってくださったということです。

嶋さんが、よくチェックしていた統計はこの辺ですね（資料5）。久保田が生まれる前、社会環境とか購買行動の変化が現れました。左上が、1次産業、2次産業、3次産業、労働力の変化です。構成比の変化ですね。だんだん減ってきたのが1次産業。ですから、下のほうがサービス業になっていくわけで、だんだん肉体労働のほうが減ってきた。デスクワークに就く方が非常に増えてきたっていうのが大きな要因。

もう一つは、物を買うときに物の豊かさ、心の豊かさ、どっちを重視するっていうような統計もよくありますけども、古くから見てみるとだいたい1978年、昭和53年くらいにクロスしているわけです。実線のほうが心の豊かさでありますけれども、もう物は充分あると多くの消費者が思うようになって、物を購入する、あるいはそれを使うことによっ

資料5　久保田誕生前夜の社会の変化

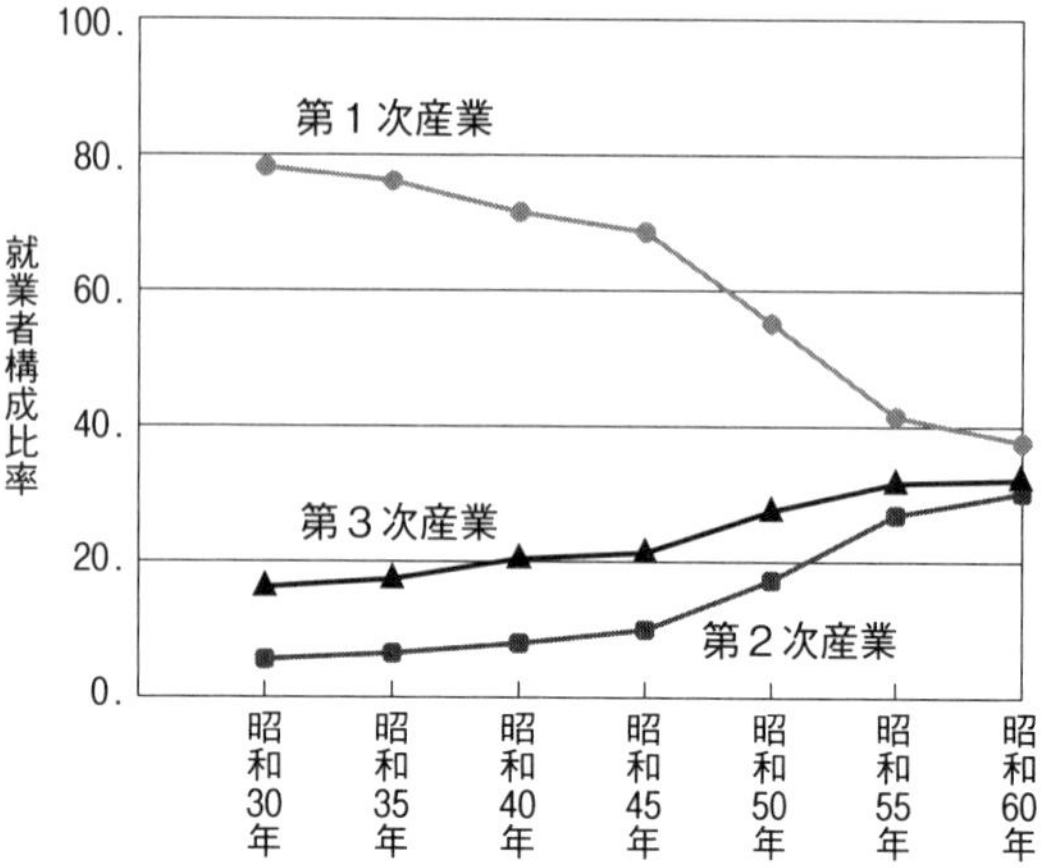

昭和45年から労働形態の急激な変化

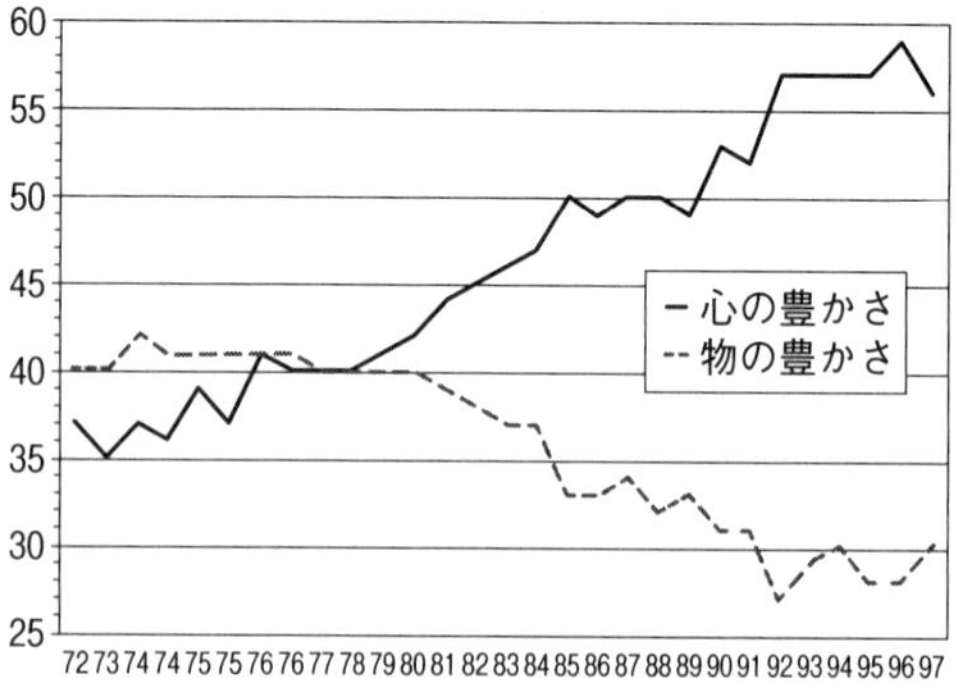

昭和50年代前半に心の豊かさへ消費行動シフト

て、生じる心の豊かさというものが購買時に優先されるようになってきたという時代背景もございました。

そういったことを踏まえて、さっきの二人が仮説を立てました。肉体労働が減ってきたっていうことは、おそらく体が甘みを求めてこなくなるだろうと。そして心の豊かさっていうものが購買の決め手になってきているということから、デスクワークの多い、ホワイトカラーの人に向けた、高級感のある淡麗辛口のお酒を造ったらいいんじゃないかということでありました。

そう考えたとき、先ほど申し上げた、いいお酒を造る要素になり得なかった新潟県の水とお米が、プラスの要素として見えてくるようになったわけです。濃いお酒が造れなかった新潟の軟水と、五百万石っていうお米が、逆にきれいですっきりしたお酒が造れる重要なファクターへと、がらっと変わったというパラダイムの転換のときが訪れたわけでございます。首都圏のホワイトカラー向けということでタンクには一応、「東京X《エックス》」って書いてあったらしいですね、ベタでありますけど。

久保田の商品育成

関東でまず火をつけよう、なおかつ幻といわれたお酒の質をはるかに超えるお酒を造ろうということで、取組みが始まったわけであります。本来の新潟の良さを発揮できるときが来たということもありまして、創業当時の「久保田屋」の屋号を取って、「久保田」という商品を生み出そうということがここで決定をしたわけでございます。

売上が停滞しているから、商品を作ろうというのは、どこの会社でも思うのは当たり前のことであります。作るのは誰でも作れるわけですが、それが果たして売れるのか、どうやって売っていこうかっていう考えが大事になってくるわけです。それでは、商品育成についてお話を申し上げます。これが今日一番の主題になるのでしょうけれども、「久保田とはなんぞや?」というところになりますが、あらためて振り返りますと、久保田っていうのは、関わる人にとってはどちらかというと商品ではなくて、いかに価値を高めて売るかっていうことに関する、地酒小売業界におけるムーブメントと言ってもいいんじゃないかと思います。今日はここについて、いくつかポイントをお話ししてまいります。

久保田が生まれたのは1980年代の半ばでございますけれども、その前、80年代前半っていうのは何が起こっていたでしょうか。今は廃れてしまいましたけれども、酒専業のディスカウントストアがどんどん出てきました。当時はスーパーさんも免許が取れませんでした。ですから、ほとんどが町の酒屋さんという業界に、ちょっと大型の酒専業のディスカウントストアっていうのがどんどん出店されました。ビール一箱1000円引き、1500円引きみたいな売り方が始まったのが、この頃でございます。それをはじめとして、他の酒類にもどんどん値引き競争、価格破壊の波が襲ってきました。また、その当時お酒を売っているところの7割がいわゆる町の酒屋さんでありました。

もう一つは缶入り飲料とか缶ビールとか、ペンギンズバー等のカクテル類などが出始めた時代でありました。多様なものを店頭で選びやすい時代になってきて、でも価格も乱れている。私どものもともと売っていた朝日山というお酒も、新潟県内でのカバー率が90％ぐらいありましたので、全国のナショナルブランドと同じような扱われ方で価格破壊の波に飲まれ、目玉商品として扱われることも増えてきたというのが、久保田というものを考えた一番のきっかけ、発端だったと思います。

そこで何を考えたかというと、とにかく当たり前の話ですけれども、価格から価値へということで、それを考えるときは3つ考えていました。一つはやはり、「商品とはなんぞや」っていうのをしっかり決めよう。私たちは何を提供して、酒屋さんは何を売るのか。いずれも商品なんですけど、その商品というものをもう一回しっかり考える。物質的な商品ではないですね。どちらかというと、抽象的な商品の定義というところになります。

もう一つは、地域性です。やはり新潟県以外で商売しよう、首都圏で商売しようということですから、そういうときに、新潟県から出れば出るほど、地域をしっかりと発信するということは大事になってくるだろうということになりました。

もう一つは、CMとかプロモーションで、一過性の売上を稼いでもしょうがないということ。持続的発展に通じるのですが、やはりその商品そのものだけではなくて、売る場所のショップブランドっていうのは非常に重要であると考えました。よく30年前でそこまで地方の酒屋が考えたなと思うのですが、刹那的に売れてもしょうがないので、持続的発展のためには何が必要かということで、担当者の人事異動がないということ、そして、やっぱり経営計画をしっかり立てているお店じゃないと先がないだろうとも考えました。

もう一つは、取引を始めた人の後、人が変われば扱いたい商品が変わる可能性がありますから、商品を含めて理解をしていただける後継者をつくっていかなきゃいけないということです。そんなことで都合6項目、販売を始める前に戦略の検討をしたわけでございます。

6つの戦略

商品の定義ということでありますけれども、「商品は店頭で完成する」ということですね。当然、私たちは物理的に高品質な酒、幻の酒に負けないお酒を造ります。メーカーとして情緒的な価値ということで、後にローカリティのところで申しますけれども、そういった取組みもしていきます。それでも、メーカーが造って、小売店に届けた段階では単なる在庫品にすぎない。販売商品っていうのはその店頭で付加価値が付けられて、店主から情報なりなんなり、ちゃんと付加価値が付けられて初めて販売商品として完成するんだよっていう定義をしました。

なかなか当時よく言ったなと思いますけれども、その代わり、ちゃんと私どもは技術的研鑽も設備投資も絶対続けます。いい酒造りを続け、磨き続けるということもやりましたし、メセナ活動とか社会貢献とかも当然やっていますが、それだけでは駄目で、やっぱり

資料6　商品は店頭で完成する（商品の定義）

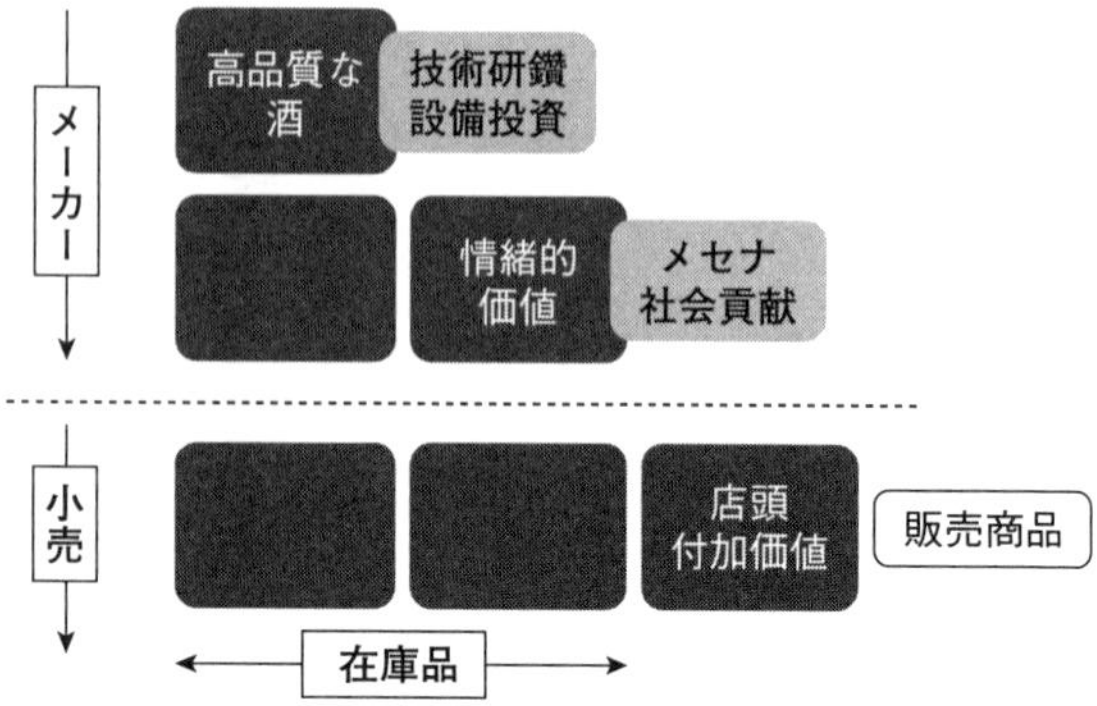

何よりショップブランドに通じますけれども、店頭で付加される価値、プラスアルファっていうのが大事なんだよということに対して、酒屋さんに理解を求めました。

もう一つ、ローカリティ。これは資生堂の創業者の福原さんの「商品をしてすべてを語らしめよ」っていう言葉があるんですが、その真似でございます。商品をして地域を語らしめよと。やっぱりこれは社会的存在価値にも通じますが、新潟の良さを、風合いを出していこうということと、私どもの久保田が支持されれば地域の産業も潤って、地元にあってよかったといわれる企業につながっていくだろうということで、商品の持つローカリティも大事にしたわけです。

このラベル、これは2枚重ねの和紙なんですが、

写真3　和紙でつくられたラベル

一枚一枚このサイズに漉《す》いてもらっています。四国で取れる楮《こうぞ》の多くがこのラベルに変わっているんじゃないでしょうか。世界遺産に和紙が登録されて、原料がなくなったらどうしようかなって今、ちょっと困っているんですけれども。

お米もすべて新潟県、字を書いたのも新潟県の人、和紙を漉いた人も隣の町の山奥に住んでいます。このラベルの端、ギザギザなんですね、センターが出ないんですよ。印刷機、ラベラーもそうですが、それでもちゃんと印刷できるように、地域の印刷会社にそういう技術を開発してもらって、オール近隣の会社でやるというところに努力しました。

もう一つは、先ほど商品の定義のところでも触れていますが、メセナ的なものです。社会貢献とか地域貢献です。「酒屋さん、地域貢献しましょう」と。

写真４　ホタル

商売は地域あってです、という代わりに、朝日酒造もしっかりと地域貢献している姿を見せる。まず隗より始めよというような意味でもあります。ほたるの里づくりとか、もみじの里づくりとか、自然保護財団をつくって新潟県の自然を守る活動に毎年1000万円ぐらい寄付をしたりしています。そして、エントランスホールでのコンサートもやっています。ホタルの幼虫も、会社の中で育てて、小学生にホタルの勉強を教えに行くことも学校のカリキュラムに組み込んでもらっています。

ホタルっていうのは水が汚いところにはいない。水がきれいなところであれば、いいお米がとれて当然、あるいはお酒も水も

写真5　もみじ園

いいと、そういう環境の良さの指標昆虫でもあるということで保護啓蒙活動を行っています。
　もみじの里づくりという活動もやっています。近隣にもみじ園っていうのがありまして、昔の庄屋さんの跡ですが、当社の創立70周年のときにここを整備して町にお返ししたというようなことも行いました。地域の方々と一緒に越路もみじの会っていうのをつくって、苗木も育てて、これを毎年、地元の中学1年生になる子どもたちに贈呈して、植樹をしてもらっています。なんでかというと、やはりもみじって、わりとどこにでもありますから、彼らがみんな巣立っていったときに、どこかでもみじを見て故郷を思い出してくれ

写真6　創業家住宅

ればということであります。

そして自然保護財団でありますけど、里山の保全とか、これも単なる自分たちで保全するだけではなくて、いろいろボランティアスタッフを募って活動しています。子どもたち向けにシイタケの駒打ちの体験とか、近くの川で水と水生昆虫と触れ合う自然学校を社員、あるいは社会のボランティアの方々とともに運営をしておりまず。また、創業家が昔、住んでいた家を保存していまして、そこでお茶会を開催したりしています。

そして社屋の真ん中、エントランスホールは響きがいいので、ピアノやパイプオルガンが置いてあります。地域の音楽教室の

写真7　エントランスホール

発表会や、アマチュア以上プロ未満の方に発表の場としてお使いいただいたり、毎月第３土曜日に当社主催の室内楽コンサートをやったりしております。

次はショップブランドの話ですね。これはやはり店主の発信する情報が最大の付加価値ということで、その商品をどうくるか、どう組み合わせているかとか、その商品にまつわる物語っていうのをどうプレゼンテーションするかがその店の個性であって、そういうことが、お客様が商品を選ぶ決め手になるんだということを、当初から啓蒙してまいりました。何がしたかったかというと、単に有名なものをそろえて集客するというのは、いつか価格破壊等の波の中で行き詰まるから、お店のお客様づくりをしっかりと徹底して、コアなお客様を固定化していくことが大事じゃないかと。販売業というよりは購入支援業になることを求めていたような気がします。当初はこういうことを思っていなかったかもしれませんけれども、結果的にはたぶん購入支援業というのが、大切になってくるんじゃないの、ということを酒屋さんに啓蒙していったということです。

持続的発展に移りますが、やっぱりいろんな会社さんで新しい企画とか、新しい商品を売り出すってときは、最初に携わった人の思い入れがどうしても最大なんです。担当者が変わると徐々に減衰していったりするということもあります。

そういうこともあって、人事異動がない場所ってどこだろうっていうことを考えて、結果的に町の酒屋さんを中心に、お願いすることになりました。よく幻戦略とか、限定戦略とか、プレミアム戦略等、いろいろ書かれておりますけど、売る場所を限定したのは、こういった理由が一番なんです。

また、年間一括受注方式を採用して、事業期が始まる前に売上の7割を占める商品が何月何日に何本売れるか決まっているのです。メーカーにしてみれば確かにおいしい話なんですが、これは何を目的に採用したかというと、それまでの酒屋さんは、「棚が空いたから、何本空いたから、何本発注しよう」という思想。今でもそういう方はいらっしゃいますけれども、そうじゃなくて普通であれば、自分のお店はこういうふうになりたい。だからこれだけ売らなきゃいけないと計画を立てるのは当然だろうと、やっぱり結果よりもプロセスで、目標達成のためにどんな行動をどれだけする、そのために久保田はどれだけ必要っていうのがあってしかるべきでしょう。だから家業から企業へ転換しましょうよということを、啓蒙していったのであります。

なおかつお客様の満足を最大化するという考え方の中でいえば、何月何日に何が何本売れるかというのが全部わかれば、資材などがほぼジャストインタイムで仕入れられますし、運送屋さんの手配も、もう1年前にほぼ決まっていますから、結果的に非常にローコストになります。そして何月何日に酒屋さんに納入するというのもわかりますから、フレッシュローテーションでお客さまに古いものをお渡ししないということが実現できるということでございます。そういったことが狙いで年間受注をやってきました。

イコールパートナー

43項目ぐらい、契約にあたってのお約束がございます。「商品価値を高める活動をしよう」とか、「お客様をつくる活動を中心に考えましょう」とか、「ＰＯＰは自分で作りましょう」というようなことを契約条項としていっています。そして、後継者育成という目的で、久保田塾というのを23年前からやっています。セミナー形式で、財務諸表の見方から中期経営計画の作成までをやりながら、久保田ってどういう商品なのか、どういう思いで売るべきなのかというのを、その酒屋さんの二世の方々にご理解いただくために当初は1年間、今は半年間、月一回1泊ですがやっております。『酒販店のご繁盛と久保田作戦』っていう本がⅠ、Ⅱ、Ⅲとありまして、これはお取引を始める酒屋さんには必ずお配りして、塾生の必読書として今も継続して出しています。

結果的に、プレミアム戦略などといわれたり、希少性ばっかり演出しやがってといわれるときもあるんですけれども、もともと売る場所を決めたっていうのは、希少性を演出しようということではなくて、今ほど述べたような価値とか、持続的発展をするためには、

写真８　「久保田塾」のテキスト

こういうことが大事だよねという考え方に賛同してくれたのが、たまたまそういうところだったということで、それを理解してくれた酒屋さんを、全国久保田会として組織化して、３５０店でスタートいたしました。６年後には９００店ぐらいになっていったわけでございます。

こういった経緯で、久保田というのは成長してきましたので、ある意味、ブランディングの主要な部分を、酒屋さんが担うという形で進めてまいりました。ですから、まさにメーカーと小売店さんはイコールパートナー。何のイコールパートナーかというと、共にお客様をつくるイコールパートナーであるということですね。私どもの営業活動というのは、小売店さんのお客様づくりを支援するという認識で今もやっております。

痛みと唯一の成功要因

最後になりますけれども、こんなことをやって、3年後ぐらいからずいぶん売れ始めたのですが、売れ始めると、問屋さんは物流上スルーしましたから、扱えなかった問屋さんとか、扱えなかった小売店さんから、さまざまな反発がありました。朝日山は新潟県内ではカバー率90％くらいでしたから、朝日山を扱っているけれども久保田は扱えない、というお店のほうが多かったのです。4000軒のうち150軒ぐらいしか久保田のお取引をしませんでした。時には、怖い酒屋さんから「久保田よこせ」って言われたりというようなこともあったけれども、そういったときでも方向を曲げずに愚直に進めてきたことが、唯一の成功要因といえるんじゃないかなと思います。

久保田ブランドとして

単純に考えると、価格破壊というプライスの問題があって、幻の酒を造ろうという嶋さんがいて、情報伝達っていうプロモーションはどうしたらいいか、というときに、酒屋のご主人の情報発信、ショップブランドが大事だよねということになり、持続的発展という観点で、販売チャネルが決定されていった。3Cでいえばお客さまが変化して、買い方とか労働の仕方とかが変化して、コンペティターという点では、幻の酒を超える商品を造ろうと。その中であいう自然保護の活動とか、最後は自分たちが県外で商売するなら、なおのこと、自分たちの活動をしっかりしなきゃいけないというような自社の活動ということで、順番に並べるとこんな感じで、会社は活動していったような気がいたします。

繰り返しになりますが、結局は久保田というのは、小売店さんに久保田というシステムを売ったのかもしれません。先ほど申し上げたとおり、ブランディングにあたっては小売店さんとメーカーとの協働であったということであります。そんなわけでこの久保田という商品は、「いかに価値を高めて売るかというところの地酒業界におけるムーブメント」

であったわけです。そして、これからもそうありたいと思っております。

ただ30年間の環境変化というのはものすごいです。お客様もそうですし、いろんな仕組みの変化というのは非常に大きいので、やはりこれからは新たにブランディングにも変化をつけていく必要があるという認識は持っております。ただ本質を見失わず、変化をプログラムするのが課題だろうと思っております。

私が営業部長をやっているときには、すでに久保田は有名になっていました。そのときに会社の中で一番不安だったのは、有名だから大丈夫だよっていう人間がすごく増えたことです。「もう有名ですね」ってお客様からも言われるので、非常に慢心している社員が多いと感じたときに、たまたま出会った言葉がルイ・ヴィトンジャパンの、最初の社長さん、秦郷次郎さんの言葉で、「名前が知られている状態っていうのが、ブランドが完成した状態じゃない」と。「ブランドが提供する価値をきちんと理解してもらって、（うちの場合、久保田にまつわる物語が一人一人のお客さまにあるような状態になって、）初めてブランドが構築されたものだと思う」というふうに、社内での理解を改めるために使わせていただいていて、今もこの言葉は大事にしております。

予定を少しオーバーしてしまいましたが、ご清聴ありがとうございました。（拍手）

質疑応答

【長沢】どうもありがとうございました。これからQ＆Aに移ります。

【内田】本日はありがとうございました。長沢先生のゼミのM2で内田と申します。私が伺いたいのはメディア戦略といいますか、先ほどインターネットはNGよというふうにおっしゃっておりましたが、これは変更するご予定はないのでしょうかというのを知りたくて…。

なぜそう思うのかというのは理由が2つあって、どんな商品であっても、どんなブランドであっても、お客様の新陳代謝、ターンオーバーっていうのは必ず起きると思うんですね。やはり常に新しいお客様を得続けていないと、衰退していってしまうと。そう考えたときに、やはり若いお客様を取り込もうとしたときに、インターネットって欠かせないメディアになっていると思います。そういう意味で一つと、単純に広告料の統計で見ても、今、四大メディアの中で、インターネットを超えているのはテレビだけになっていますし、逆にテレビだとかラジオとかっていうのは、受動的な情報の受信になると思うんですが、インターネットを使えば能動的に情報を検索している方を、引っ張ってくることもできるんではないかなって、そこに可能性を感じております。今、挙げたような2点を申し上げても、やはりインターネットを扱わないっていう方針でいらっしゃるんでしょうか。

【細田】ありがとうございます。まず、インターネットについては、一つは情報発信という側面と、いわゆる購入手段としてのネット販売という側面、両方あるんですが、情報発信としてのネット掲載っていうのは、私が社長になった瞬間にOKにしました。おっしゃるとおりで、今、やはりネット上で出処進退を表明してないと、信用が得られない可能性もあるという時代になってきましたので、そこはまず大事ですね。ですから、それはもうすでにオープンになったところでございます。

販売については、これは今、ちょっと思案中です。私どもが望まないところで売られているケースがあまりにも多過ぎるので、毒をもって毒を制す的な意味で必要に感じるときもありますし、こちらがお知らせしたり、インフォメーションを本当に伝えるなら、通販っていうのは有効な手法と認識しています。しかし五感ということを捉えると、そこに踏み切るいい答えが出ていないというところでございます（講演当時。現在は免許上可能な店では販売）。ということで、販売はまだ具体的な急務とはしておりません。ただ情報発信、プロモーションとしてのネットっていうのは必要不可欠なことだという認識で、すでに変えたというところでございます。

【内田】 ありがとうございます。

【和田（質問者）】 和田と申します。大変参考になるお話、どうもありがとうございました。個人的な話なんですが、私、中学生と高校生の頃は、新潟に暮らしておりまして、先ほどの景色は大変懐かしく、拝見させていただいておりました。

それで質問なんですけど、久保田のブランドを守るということで、小売店さんを非常に大切にされてらっしゃる。43項目っていうことだと、非常に厳しく管理されていらっしゃって、小売店さんを管理するのも大切だと思うんですけれども、どんな人に飲んでもらうのかということも、ひとつポイントになってくるのかなと思います。どういう人に愛顧してもらいたいのかというそのイメージは具体的にあるんでしょうか。

【細田】 会社の中で、万人向けはよくない、絞ってアルコール消費人口の1％の人でいいから、価値を理解していただける方に、飲んでもらおうという考えでおりました。

【和田】 ありがとうございます。

【川村（質問者）】 本日はありがとうございます。長沢ゼミの川村と申します。

3点ございまして、まず経常利益が最初出てたと思うんですけども、そこは酒類メーカーとしては、すごく高い利益率でないかと思いまして、その辺の秘訣をぜひお伺いしたいなというふうなのがまず一点でございます。

2点目が後継者の問題でございまして、実際、細田社長が社長になられて、最初は中途採用っていう形で入られて、その頃からもう社長を意識されていたのか、どこかその中で、後継者育成としての、社長のプログラム的なものがあったのかどうか、お伺いしたいなという点ですね。

あと、海外展開について、今後何か考えがおありなのか、日本酒というのがすごく人気で、特に獺祭《だっさい》さんなんか海外で出されてると思うんですけど、その辺についてぜひお伺いできればなという3点、もしよろしければお願いいたします。

【細田】 まず利益については、高価格、高利益率のお酒が他社さんよりも多くの量、売れているおかげです。もう一つは酒屋っていうのは設備回転率が非常に悪い業界でございます。年間造れますけれども、メインで稼働しているのは冬。そういうことから、ある一定のボリューム以上の出荷が可能になると、飛躍的に利益率が上がってくるっていう側面もあります。ですから、当社の出荷量規模がその恩恵にあずかれる状況ということにも起因します。

2点目は事業継承についてです。実はそれについてなんにも言われていませんでした。社長をやれって言われたのは交代する半年前です。ですから、事業承継対策なんてのは、一切できない。ちゃんとやれたかどうかは別にして、つぶしが利いたのか、いろんな部門をわたってきた、どこの部門でも管理職をやっていたということもあって、そうなったんだと思います。

私は能力があったかどうかは別にして、いろんなことは実践の中で学ぶというふうな姿勢を持っているつもりです。たまたまそれを評価していただけたというふうに思います。

3点目、海外でありますけど、海外はそれこそ23年ぐらい前から始めまして、たぶんアメリカにおいて地酒輸出の草分け的存在だったと思います。今後はプロモーションの活動の徹底と、それと同時にしっかりした拠点レストランをつくる活動を活性化させていきます。もう一つは、国外、アメリカローカライズ商品も今年から出すようにしました。日本とはちょっと違う意識で、あらためてのプロモーションとかお客先の開拓という取組みを始めております。

北米、中国がだいたいシェアのワン、ツーなんですけど、3・11以後、新潟県のお酒は中国では禁輸なのです。ナンバー2の輸出シェアの国への出荷がなくなったのですが、3年ぐらいで他の東南アジア諸国で回収させていただきました。最近はブラジルやメキシコへの出荷も始まっています。

【長沢】もうほとんど時間ですが、今日は東京にお泊まりですか?

【細田】はい。

【長沢】ならまだ、訊いてもよいですね（笑）。最後、私の特権でお聞きします。貴社を分析した本〔注1〕を出版したとき、高価格戦略とタイトルにさせていただいて、日本酒としては世間一般には高価格だと。でも利益率20%なんて聞くと、お客さん、あるいは小売店から、久保田はもっと安くできるなんて言われてるんじゃないかと。そうではなくて、朝日酒造、あるいは細田社長として、久保田の価格は高価格とお考えか、適正価格とお考えか。

【細田】久保田の価格としては、実はまず一つ、高いか安いかっていったら、適正だろうなという思いがあります。一つは多くの方々の久保田の認識されている価格が、再三お話に出ていますが、私どもの望まない流通の店頭で見られてる価格がほとんどであるということです。ですから、久保田の千寿という吟醸酒がございますけど、あれは四合瓶、このサイズで1080円なんです。いわゆる今どきの吟醸酒としては当たり前か、どちらかというと安い部類に入るということで、もともとがコストパフォーマンスの高いお酒を、幻より量を多くという思想ですから、久保田の千寿はまさにそのとおりだったんです。

反面、久保田の萬寿というこの商品は、日本の国内における日本酒としては高い、高く見られると思うんです。ただこれが洋酒と一緒のカテゴリーで捉えられるようになったら全然安い。ですからこれは、飲食店さんで飲めば7000円、東京だと9000円取られちゃった店もありますけど。ただレストランで1本9000円のワインを開けるっていう感覚と、日本酒で1本9000円っていう感覚はたぶんまだ一致していない可能性があって、もしかするとワインが提供する物語とか背景に対して、日本酒が足りてないものがあるんじゃないかなっていう、そんな思いがあります。そういう意味では、この商品の背景とかお客様にとっての商品のありようというものを、もっと表現しないと、同じ9000円ならワイン取るかなって言われかねない状況になってきているかなって思います。そこは改善の余地があると。ちょっと答えになっていませんけれども。

【長沢】 本当に最後。朝日酒造らしさ、あるいは製品としての久保田らしさですね、それぞれ、いろいろ社是、社訓がありましたが、ああいうことではなくて、御社らしさ、ある

写真9　受講者と記念撮影

いは久保田らしさというのを一言、お聞かせ願えれば。

【細田】朝日酒造らしさというのは愚直でありながら、進取の気性があるというか、新しいことに取り組むＤＮＡがあることだと思います。戦前から販路の組織化みたいな取組みもしていたので、朝日山だけを売っている時代に。そういう進取、新しい取組みも随時してきたそうで、愚直さと合理的なやり方、進取な気性っていうのが、渾然一体となったような会社かなと思います。

久保田らしさという面では、今、私が目指しているのは、甘いとか辛いとか濃いとか薄いとかっていうものを超えた段階での、久保田の味っていうのはなんぞやっていうのを言えるようにしようと。淡麗辛口だよねとか、辛口だよねとかっていうことではなくて、そのもう一つ上の次元で何かと言ったら、甘くても辛くてもすっと消えていく圧倒的なキレというものを、久保田の特有のパーソナリティーと言われるまで磨いていきたいと思います。どんなお酒を造っても圧倒的なキレだねって言われるところまで、それをさらに磨き抜いていきたいと思っております。

【長沢】 はい、ありがとうございました。だいぶ予定時間を超過して、質疑応答にもお答えいただきました。最後に盛大な拍手と感謝をお願いします。どうもありがとうございました。（拍手）

〔注1〕長沢伸也・西村修共著『地場産業の高価格ブランド戦略―朝日酒造・スノーピーク・ゼニス・ウブロに見る感性価値創造―』晃洋書房　2015年

〔注2〕本章の記述は、入稿した2018年11月末日時点の状況に基づいている。

3

オリエンタルカーペット株式会社
——山形緞通：ブランディングとはコトづくり

ゲスト講師：オリエンタルカーペット株式会社
代表取締役社長　渡辺博明氏
開催形態：早稲田大学ビジネススクール「感性マーケティング論」〈第5回〉
日　時：2017年10月12日
会　場：早稲田大学早稲田キャンパス11号館902馬蹄形教室
対　象：WBS受講生

●会社概要●

オリエンタルカーペット株式会社

代表取締役社長：渡辺博明

設　　立：1946年（昭和21年）、創　　業：1935年（昭和10年）

資 本 金：4,000万円

売 上 高：６億2,600万円

従 業 員：60名

本社所在地：

〒990-0301

山形県東村山郡山辺町大字山辺21番地

TEL 023(664)5811(代)　FAX 023(665)7513

昭和10年	山形県山辺町《やまのべまち》に北京から張春圃、侯雨青ら緞通技術者を招き、創業者渡辺順之助ら純正高級手織絨毯（緞通）の製造を始める。
昭和21年	大戦によって中断されていた絨毯製造を再開。現社名の会社設立。
昭和23年	貿易再開とともに対米輸出を始める。
昭和25年	マーセライズ（化学艶出仕上）の研究により品質基準を解明、優良品造出の基盤を確立する。
昭和35年	昭和天皇・皇太后両陛下工場ご視察。
昭和39年	バチカン宮殿法皇謁見の間に納入。
昭和43年	新宮殿造営に際し、長和殿、表御座所全室に手織緞通、及びウイルトンカーペットを製作納入。
昭和46年	クラフトン（手刺緞通）本格生産に入る。
昭和47年	天皇・皇后両陛下（当時皇太子同妃両殿下）工場ご視察。

昭和49年　迎賓館赤坂離宮各室の緞通製作納入。
平成４年　皇太子殿下工場ご視察。
平成５年　新吹上御所造営に際し、「御進講室」「応接室」等に手刺緞通を製作納入。
平成16年　京都迎賓館新築に際し、貴賓室、会談室等に手織緞通、手刺緞通、及びウイルトンカーペットを製作納入。
平成18年～21年　山形工房（山形カロッツェリア研究会）のブランドで、国際見本市メゾン・エ・オブジェ（パリ）の「インテリアシーン」に４年連続出展。
平成18年　手織絨毯・インペリアル、手刺絨毯・クラフトンが山形県より「山形セレクション」として認定を受ける。
経済産業省より「明日の日本を支える元気なモノ作り中小企業300社」に選定される。
平成20年　山形工房（山形カロッツェリア研究会）のブランドで、ミラノ国際家具見本市「ミラノ・サローネ」に出展。
平成21年　経済産業省「第３回ものづくり日本大賞・経済産業大臣賞」受賞。
平成25年　個人ユースブランド「山形緞通」を立ち上げる。
平成26年　秋篠宮妃殿下・長女眞子さま工場ご視察。
平成27年　山形緞通の取組みが2015年度グッドデザイン賞受賞。

渡辺《わたなべ》 博明《ひろあき》　略歴

1961年生まれ。青山学院大学文学部英米文学科卒業。1986年、株式会社山形テレビ入社。1991年、オリエンタルカーペット株式会社入社。企画部長、総務部長、常務取締役を経て、2000年、専務取締役に就任。2006年、代表取締役社長（５代目）就任、現在に至る。

【長沢】それでは「感性マーケティング論」、本年度のゲスト講師お二人目ということで、オリエンタルカーペット株式会社社長の渡辺博明様をお迎えしております。

山形緞通《だんつう》というブランドを作り、高級絨毯《じゅうたん》（緞）のメーカーと平たく言ってよろしいんでしょうか、詳しくは社長から会社や製品の紹介もございますので。私は東京で社長にお目に掛かって、その後、山形の現場で職人さんが一生懸命作るのも見てきましたので、感慨深く思います。それでは渡辺社長、よろしくお願いいたします。（拍手）

はじめに

【渡辺】皆さん、こんばんは。入ってきたらすごく静かなので、やりにくいのかなと思ったんですけど、こういう機会をいただいたことをあらためて御礼を申し上げたいというふうに思います。

山形で絨毯を作る会社をやっています。私はいろいろなところで話をさせてもらうんですけど、今日、皆さんの中で、オリエンタルカーペットもしくは山形緞通という言葉を聞

写真1　昭和24年に建てられた本社工場（山形県景観デザイン賞受賞）

いたことがあるという方、いらっしゃいます？（受講生の1名が頷く）いらっしゃいますか。

ありがとうございます。地元だともう一歩踏み込んで、うちの絨毯を持っている方はいますかとか聞くんですけど、今日はさすがにそこまではないのかなと思いまして。（笑）

山形緞通ということで、今日皆さんのお手元に配ったパンフレット、実は今うちの会社にだいたい年間2300人ぐらいの方々が工場見学に来てもらっています。これは県内はもちろんですけども、県外からわざわざうちの絨毯を見に来られる方がいて、前の日に山形の蔵王温泉に泊まったりということで、ある意味、産業観光というのが成り立っているなというふうに思うんですけども、何でそのようにたくさんの方が来るかというと、今あえて工場を見てもらおうと取り組んでいるんです。

　要はうちの絨毯を、たとえば高級な家具店でご覧になって、何でこんなに高いのという思いを、実際ものづくりを見てもらって買っていただくのが一番逆にお客さまには知っていただく説明になるということで、私の先代の叔父のときとは違った視点で、私は5代目なんですけど、数年前、私が社長になってから全面的に受け入れるようにしています。

　昔は本当に特注ものの仕事ばかりやっていたので、工場はがらっというときがあって、そんなときは経営者としては工場内を見せたくないわけですよね。ところが、5年前に山形緞通というブランドを立ち上げて、非常に工場的には平均的稼働になっている中で、そういうふうに積極的に見てもらっています。

　ですから、今皆さんにお配りした三つ折りのパンフレットは、来ていただいた皆さん方に実際におあげするものなんですね。私どものブランドパンフレットというのは、ちょっと荷物になるくらいのボリュームで。毎年われわれの山形緞通では、必ず新作が出て、毎年変わってきております。これは去年、奥山清行さんという私と同じ山形出身の世界的工業デザイナーとのコラボが10年目になったということで、去年の11月に出した山形緞通のパンフレットなんですけど、こちらもちょっと回していただいてぜひご覧いただければというふうに思います。

それでは早速ですけども、「足もとからのおもてなし」、山形に生まれ、山形で育まれるということで、私どもの会社の説明をさせていただきます。まず動画をご覧いただきます。

これは山形緞通のブランドムービーということでオリジナルのムービーなんです。

（※DVD再生により中断）

【渡辺】 それでは絨毯の豆知識を…中国語でタンツ。タンというのは毛糸の毛に火2つ付きます。ツというのは子ども。毛糸が炎のように燃えさかっているという絨毯の構造を表しているんですけど、タンツという言葉が緞通になったんですね、日本に入ってきて。絨毯というのは、地べたの地に、タンというのは同じ毛糸に火2つと書くんですけど、チータンという言葉が絨毯になったということで、もともと絨毯と緞通というのは一般的には全く同じ意味なんですけど、日本では緞通というと何か手作りの毛足の長いものを指して、絨毯というのは総称で言うんですけど、もともとは語源的には中国の言葉が日本に入ってきて、緞通、絨毯になったということなんですね。

そういう意味では、緞通というと昔から皆さんどういうイメージを持つか、何か工芸的なイメージがあるのではと思うんです。われわれの山形緞通というのをどう思われます？

何かダサい絨毯作っているんじゃないのかみたいな（笑）。工芸的なイメージ？　実は今日の話もそうなんですけど、良いものを作ろうと思っていても、やっぱり良いものだけでは売れない時代で、そういう経験をした中で、良いものを作るのは当たり前の中で、どういうものづくりの背景かであったり、想いであったり、職人の技術であったり、そういったものを伝える「コトづくり」というのがわれわれの山形緞通というブランディングの過程だったです。

だから、「ものづくり」と「コトづくり」というのが今われわれが取り組んでいることです。お手元にあるブランドパンフレットをご覧いただくと、山形という東京から離れた東北の地方の名前を前面に出していながらも、なかには奥山清行さんであったり、隈研吾さんであったり、今年は佐藤可士和さんとコラボをしていますし、この間は千住博さんと緞帳《どんちょう》を作ったりということをやっているんですけど、そこが実は『山形緞通』という工芸品的ニュアンスの言葉を使いながらも、内容は大変洗練されたものという仕掛けが、今のわれわれ『山形緞通』の取組みなんです。

それでは、ちょっとこちらのほうで説明させていただきます。

オリエンタルカーペットという会社を説明させていただきますけど、創業が昭和10年です。オリエンタルカーペットという会社の名前は昭和21年のものです。

うちのホームページをご覧いただくと今の動画がご覧いただけるんです。いわば『山形緞通』のブランドムービー、ものづくりの想いを込めた動画です。さっきBGMで流れていた音楽は、工場の物音を生かすために作曲をしてもらいました。ある音楽をそこに当てはめているんじゃなくて、工場の職人さんの息遣いであったり、あるいは現場の音であったり、工場内の静かなたたずまいであったり、そういったものを生かすためにBGMを作曲してもらって、そして作ったブランドムービーなんです。後で出てきますけど、『山形緞通』というブランディングのパートナーである、西澤明洋さんという、ブランディングでは最近非常に良い形で活躍をしている彼をパートナーにして、5年前から取り組んでいるものです。

今、オリエンタルカーペットの話をしました。従業員が58名ぐらいの小さな会社で、年商も6億ぐらいの規模の会社です。今日の話になるんですけど、私は30歳でうちの会社に入り、前職はテレビ局にいました。30歳でうちの会社へ入ったときには、うちの会社は従業員が110人いましたし、売上も15億ぐらい。平成3年に会社に入ったんですけど、まさにバブルの影響が色濃かった頃で、あのころは「高いものは良いものだ」くらいの感覚、そういう市場環境のとき、私は入社しました。そこからは、うちの会社だけでなく、われわれの業界自体が本当に坂を転げ落ちるような厳しい状況で、前工程、後工程も含めて廃業や倒産があったり、業界自体が非常に大変な状況にあった20年なんですね。

今は東京オリンピックに向けた特需であったり、いろいろなホテルさんの敷き替えが起きて、非常に業界自体は忙しくはなっているんですけれど、縮小均衡してきただけに、果たして国内でどれほど作れるかといったような懸念が起きているというのがわれわれの業界です。

ですから、今うちの会社の経営方針としては、たとえば今の売上を2倍にしよう、3倍にしようということは経営者としては考えていません。これはもしかしたら経営者としては失格なのかもしれませんけど、私としては一枚一枚の絨毯から頂戴できる付加価値をどう上げるかが最重要だと。職人さんがハンドメイドで作っていますから、そこのところがわれわれのようなものづくりの一番大事なところなんじゃないかと思って、私としては売上よりも中身だということをうちの社員さんにも常々言いながら、そういう取組みを大事にしているところです。

山形での絨毯づくりの成り立ち

オリエンタルカーペットといいますと、皇室の方々がたくさん来られているんですね。先ほども長沢先生から、「何で皇室の方が山形に行かれると工場に立ち寄られるの？」と尋ねられました。私が社長になってからも、高円宮妃殿下であったり、秋篠宮妃殿下、長女眞子さまであったり、昨年は三笠宮彬子さまということで、会社としてはこれまで10回皇室の皆様がお見えになられています。理由は、山形県で絨毯を作る産業があること自体が非常にめずらしいからなんですね。これが関西の大阪であったり京都であればごく自然のことですが、そういう意味で大変めずらしいものづくりの工場であるのと、われわれが、皇居新宮殿であったり、吹上御所であったり、そういったところの皇室関係の納入実績もあるということで工場ご視察をいただくわけなんです。

この写真のご様子は、紀子さまと眞子さまが初めてご一緒にご公務をされたときのものです（写真省略）。初めてのご一緒のご公務ということで、お母さまである秋篠宮妃殿下が主にお話をされ、眞子さまは妃殿下とお並びになり、私の説明を聞いていてくださった

写真２　新歌舞伎座メインロビー「大間」

ご様子が思い出されます。また、工場の敷地の中にはたくさんの皆さんが歓迎のお出迎えやお見送りをしたいと入られたのですが、お帰りになられるときは、一人一人にご挨拶をなさって声を掛けられておられたご様子も鮮明に思い出されます。こうしたこともあり、地元山形ではオリエンタルカーペットというと、皇室の皆様がご視察に見えられる会社としても知られております。

あと、われわれのものづくりが非常に有名になったというか、皆さんに知っていただけるようになったのが、歌舞伎座さんなんですね。新しくできた歌舞伎座のメーンロビー、大間なんですけど、ここの絨毯が私どもがお納めしたものなんですね。今日皆さんのお手元にお渡しをした資料にある納入実績のような場所っていうのは、われわ

写真３　JR 東日本の「TRAIN SUITE 四季島」

れも一度お納めすると、何か特別な事情が起きない限りは再び足を踏み入れられるようなところじゃないんですね。ところが歌舞伎座さんは、ここに行かれた皆さんがご覧になり踏んでいただけるということで、われわれのものづくりをまさにご自身の足もとから感じていただけるという意味で、われわれの代表的な仕事になったんですね。

あるとき、本当にできたばっかり、開場したばっかりのときだったんですけど、山形県の上山《かみのやま》温泉に古窯《こよう》さんという日本を代表するような温泉旅館がありまして、その女将さんに、「渡辺さん、私歌舞伎座に行って、うれしくてうれしくてあなたの会社の作った絨毯にほっぺたこすりつけてきたわ」と言われました。それだけ皆さんに喜んでいただいた仕事となりました。

あともう一つ、今年、皆さんからよく見ていただいた

写真４　山形緞通が使われている「四季島」の車内

絨毯があります。この写真（写真４）は今年の５月からＪＲ東日本さんが走らせた「TRAIN SUITE 四季島」という豪華列車です。この列車は食堂車の一両だけ絨毯が敷いてありませんが、あとはすべて絨毯敷きとなっています。こういう豪華列車は、たとえばＪＲ九州さんの「ななつ星」であったり、あるいは西日本さんの「瑞風《みずかぜ》」というのがあるんですけど、ほとんど床はフローリングです。

ＪＲ東日本さんがある意味、絨毯を採用になったのはすごいなというふうに思うんですけど、先頭車として、展望車というのがあるんですね。この写真が先頭車、前と後ろに２両ありまして、これがうちの山形緞通でいうと、建築家の隈研吾さんとコラボしているＫＯＫＥという絨毯が敷かれています。客室はスイートとデラックススイートがあるんですけど、全部の部屋が奥山清行さんと一緒にやっているＵＭＩを四季島オリジナル色の配色にして納まっています。

ラウンジにはKOMOREBIという新作を入れたんですけど、四季島は本当に全部絨毯敷きになっていまして、絨毯屋の私が言うのもどうなのかなと思うんですが、多少の汚れのリスクも承知のうえで、JR東日本さんが大事にされたのは、非日常の空間に足を一歩踏み入れたときの足触り、それはさっきの歌舞伎座さんと一緒なんですよ。歌舞伎座さんも、あの鳳凰の柄を見たくてとある知人の人に言われたんですけど、でもあそこは一気に1000人ほどの人が入りますから、ロビーはたくさんの人で一杯で、柄を全部見ることは難しいんですね。ただ、そこに足を一歩踏み入れたときに、絨毯を踏んだ瞬間から、これから始まる歌舞伎という特別な期待感や高揚感を高めてくれたと。

そういう話を聞いたときに、うちの絨毯というのは単なるお客さまを迎えるためのおもてなしだけじゃなくて、自分をもてなす意味合いもあるんだなと。それが実はさっきお話をした山形緞通の「足もとからのおもてなし」というブランドコンセプトにつながるんですね。

この四季島も、全くそういう意味ではおもてなしの思いを大事にしている列車なんですね。奥山清行さんという「山形緞通」でコラボしている世界的工業デザイナーがこの列車を監修しています。

さっきちょっと、緞毯の話をしました。日本の緞通というのは、三大産地というのがあるんですね。これは文化としての伝播で、佐賀県に鍋島緞通、兵庫県に赤穂緞通、大阪は堺緞通というのがあるんです。

今ビジネスとしてものづくりを続けておられるのは、佐賀県の鍋島緞通さんですね。鍋島緞通は素材が綿なんですね。赤穂緞通は一回途絶えてしまったんですが、それをもう一回復活しようということで、今何とか玄関マットサイズぐらいのものができるようになっているようです。こちらも綿素材。

堺緞通は、これは途絶えてしまったんですね。でも実は残っているんです。ちょうど今、堺市の美術館で堺緞通展というのをやっていますけど、大阪の刑務所の中で受刑者の方の作業として残っているんですね。ご存じのように、堺は逆に手作りというよりも機械化が進んで、日本の機械織りの織物では一大産地になったんですけど、日本の三大産地というのは全部、江戸時代日本に入った緞毯づくりで、素材が綿というのが特徴です。

じゃあ、われわれの山形緞通って何なのというと、ここにありますように直接の技術導入ということで、昭和10年、1935年ですか、7人の中国人に山形に来てもらって、2年間住んでもらって教わって始まったのがうちの緞毯づくりなんですね。ですから、文化

写真５　昭和10年 北京から中国人技術者７名を招聘文化の伝播でない独自の技術導入

としての伝播じゃなくて、本当、飛び火的な形で山形に絨毯の産地が生まれた。

じゃあ何で中国の方を招いたのかというと、ここにありますように昭和初期に冷害凶作であったり、あるいは金融不安であったりして、子女の身売りや冷害凶作、そういったことも含めて非常に女性を取り巻く環境が厳しかったんです。それで創業者、私の祖父が女性の働き場所をつくりたいということで、たまたまある人の紹介で、中国で絨毯というものがあって、これは当時もある程度裕福な方が使うもの、だから景気の波に左右されない産業になるんじゃないかということで始めたのが山形の絨毯づくりなんです。

これが当時の、昭和10年の写真なんですけど(写真5)、ここにいるのが私の祖父、順之助なんですね。ここにいる方々が中国人なんですけど、皆さん非常に中国の方は立派な格好をしていますね。北京から来たんですが、当時の中国人の職人さんたちは地位も高かったそうです。われわれは女性に教えてくれということで来てもらった。この人たちは男性。最初は男の仕事を女性に教えるのかってもめたそうです。

それでいろいろな苦労をしながらだったんですが、先生として中国の方に接したと。中国の方は奥さんを連れてこられたそうで、赤ちゃんが生まれた方もいらっしゃったそうなんですけど、うちの祖母はおむつを洗ってあげたり、いろいろ手伝いもしてあげたようです。今でいうクレジットカードですね、通い帳ということで、この帳面を持っていけばこの町で何でも買えるということで、そんな待遇をして、絨毯づくりを教えてもらったそうなんですね。こうした経緯で山形では絨毯づくりが始まって、つまり人の縁で始まっているんです。この写真にいる佐野さんという方、後でちょっと触れますけど、この方がうちの祖父に絨毯づくりの声を掛けた人で、この佐野さんという人は東京で佐野洋行という支那絨毯の会社をやっていた方なんです。

ちょっとこのスライドを見てください（写真省略）。非常に細かい小説の文章が出てきました。もうお亡くなりになりましたけど、阿川弘之さんの『山本五十六』という小説の

写真6　昭和16年に戦艦「大和」「武蔵」長官室・長官寝室に納入

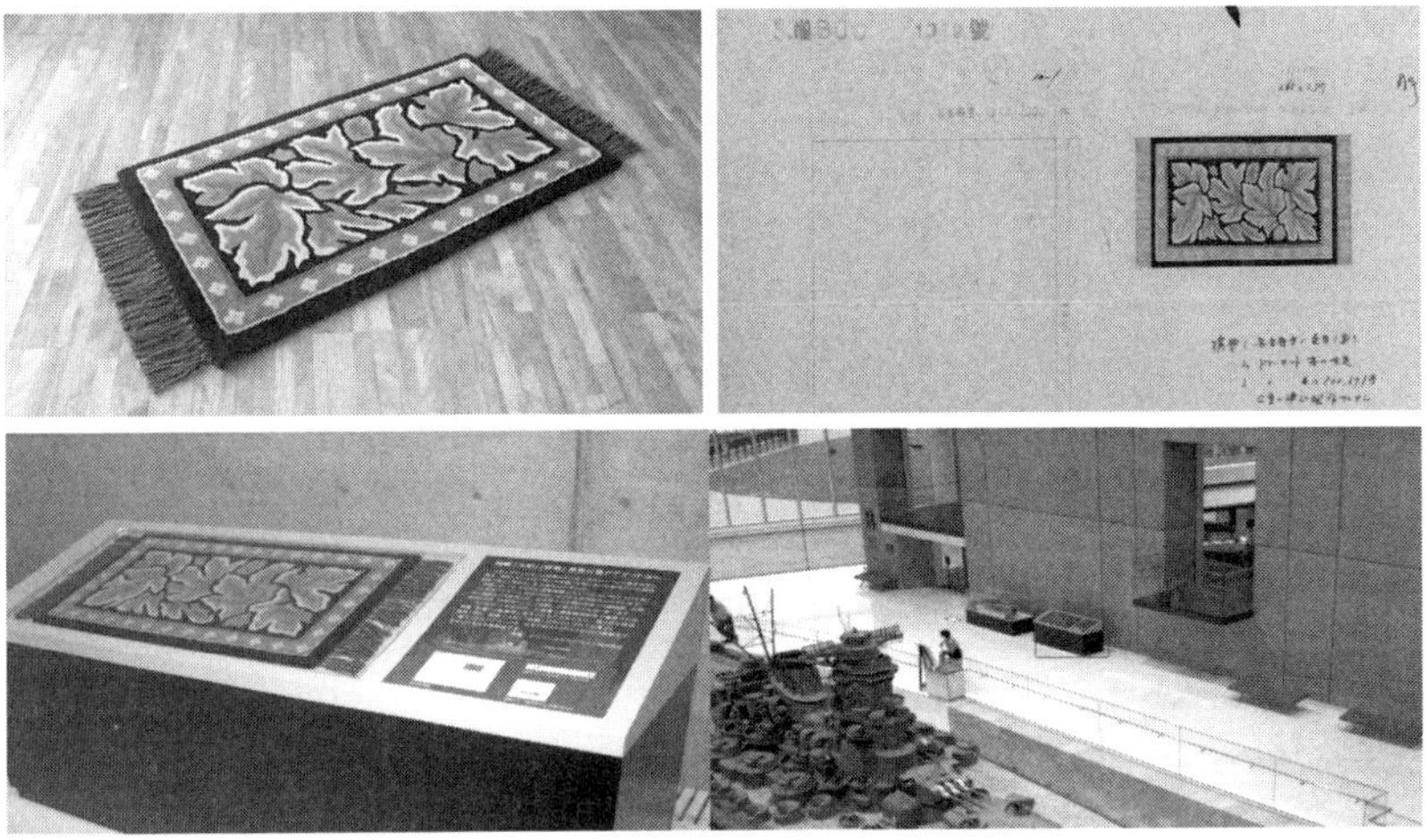

一節です。「現在、山形県の産業の一つになっている支那絨毯は、佐野が中国から技術を導入したもので、当時彼は北京に佐野洋行という店を持っていた」。この佐野さんというのが、山本五十六のところに出入りをしている。阿川さんがこれを小説に書いているんです。

うちの会社の歴史を見ると、戦艦大和と武蔵の絨毯を納めているんですね。山本五十六邸に出入りをしている佐野さんが戦艦の仕事を取ってきて山形で作ったわけです。これはうちの図面が全部残っているんですね。長官公室と長官寝室なんですけど、大和と武蔵というのは兄弟艦ですから、全く同じものを作っています。これは

写真７　渡辺家秘伝のノート

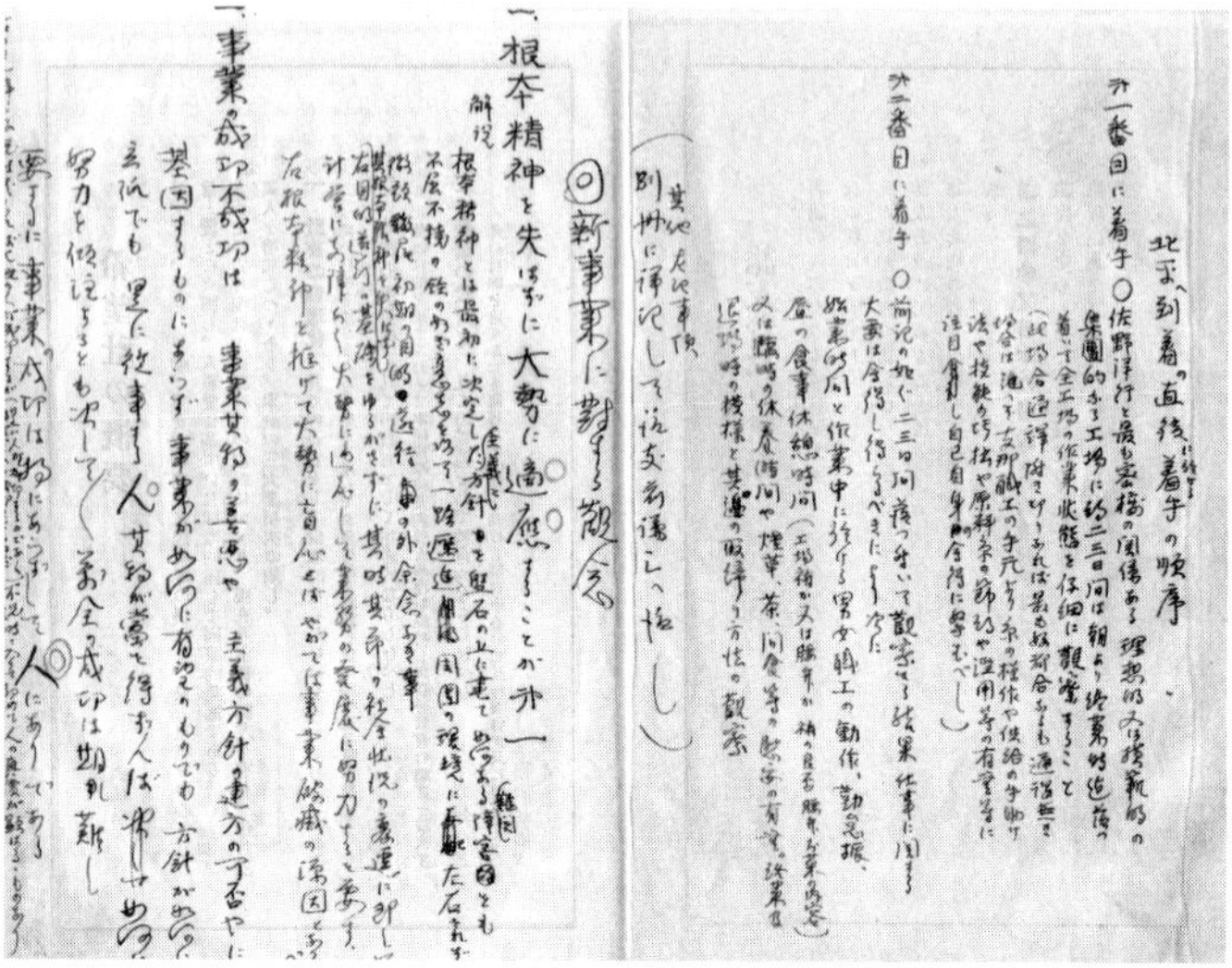

私のほうで広島県の海事記念館大和ミュージアムに資料として提出したら、本物ということで、館内に展示してある大和のミニチュア版の模型の脇に展示してもらったんですけど（写真6）、佐野さんという方の縁でこんな仕事もしているんですね。

スライドにはちょっとまた文字が出てきます。これは実は渡辺家秘伝のノートと言われるものでして、わが家にとっては本当に宝物なんですけど、うちの創業者が絨毯業を始めたときに、その決意を書いている文章なんです。このように帳面にたくさん書いてあります。

ここに「新事業に対する観念。根本精神を失わずに、大勢に適応することが第一」。これはもちろんわかりやすいことですね。こっちの資料のほうが見やすいかな。ここです。「事業の成功、不成功は、事業そのものの善悪や主義方針の立て方の可否やに起因するものにあらず。事業がいかに有望なものでも、方針がいかに立派でも、これに従事する人そのものが当を得ずんば、いかに努力を傾注するとも決して決して万全の成功は期し難し。要するに、事業の成功は物にあらずして人にありである」。これを昭和10年に書いているんです。

また、このノートを見ていくと、春秋には従業員に〝弁当開き〟をさせろとある。福利厚生なんですね。あとは、建物にはとにかく光を入れなさいとか、こういったことを全部ノートに書いて事業創業のときの決意が述べられている。そういう意味では、創業者というのは非常にパワーを持っているなと、私自身いつも思うんです。ここの「人」というところは何を言っているかというと、時代がよければ誰が仕事をやってもみんな成功するとだろうけど、時代が大変なときにこそ人物がしっかりしていないと時代が大変だから事業が駄目だとか、そういうことになってしまうと述べているんです。

つまりこういうことを言っているんです。大変なときこそ、その人間の器量が出てくる、力が出てくると。いつも自分自身に当てはめて、自分の未熟さを痛感しております。私は社長になって10年でして、会社には先代が社長のときに入ったのですが、当時は従業員さんが１００人以上おりました。ところが経営環境の悪化もあり、従業員さんが一番減ったときには39名になって、５年前の震災のときにも、同じ人数だったんですね。今は57人という形でだいぶ増えてきたんですけど、やっぱり景気の動向に経営が左右される、そういうときを経ているわけです。ですから、私自身が果たして経営者として適格なのか、いつも自分に問いただしております。「人」というのは、会社にとって本当に大事な財産だと思っています。

オリエンタルカーペットと戦艦大和、武蔵の絨毯を見ていただきましたけど、うちの工場をご覧になると、木で作った絨毯ってあるんです。これは戦後絨毯業を再開したときに、羊の毛が手に入らなかった。そのときに、福島で火薬を作るときに葛の木という木の根っこ、その成分を使っていたということで、成分をとった後の葛の木の根っこがたくさん放置してあったのを払い下げしてもらって、それをつぶして木の繊維のようなものを作り、それで何と木の絨毯のサンプルを作ったんですね。触ってみるとブラシマットみたいなんですけど、このサンプルをＧＨＱに見せたところ、木で絨毯を作ったということをたいそう評価してくれて、原毛の配給の便宜を図ってくれ、それで作った絨毯をマッカーサー司令部に納めたというエピソードがあるんです。

戦後、オリエンタルカーペットという名前で絨毯づくりを再開

私が入ったときには、うちの職人さんに、「専務よ、おらえの会社でマッカーサーのとこさぁ絨毯納めたんだず」なんて言われるんですけど、実際はこのスライドのような木で作った絨毯のサンプルしか社内にはないんです。それが数年前に米軍の横田基地から私に電話がかかってきて、（この話をすると地元の人たち、本当に横田基地から電話来たの？なんて聞くんですけど）本当に電話がかかってきたんです。それで早速「横田基地に行って、これは私が撮ってきた写真なんですけど、「これがマッカーサーカーペットで、本当におまえのところで作ったのか確認をしてくれ」ということなので調べたら、やっぱりこのデザインというのはうちがアメリカ向けに輸出しているときのデザインなんですね。こうしてずっと何年も納品後はわからなくなっていたのに、状況が動き出す、こういうこと

が私の周りで起こってくるというのは、実は一つの理由があるんですね。後で触れたいと思います。

あともう一つ、これも私が入ったときには、「うちでバチカンていうのに納めたんだず」って職人さんが言うわけです。「パウロ6世のとこよ」なんて。よくよく調べてみると、戦後当時では絨毯は日本で売れませんから、フジインペリアルという名前でアメリカに輸出をするわけです。そのときに全米枢機卿から非常に日本のフジインペリアルという絨毯は質がいいということで、パウロ6世がローマ法王に就任の際にバチカン宮殿ローマ法王謁見の間に絨毯を納めるんですね。

これも数年前に、日本テレビさんの「真相報道バンキシャ！」という番組が、この絨毯がどうなっているか調べましょうということで調べてくれたら（頼んだわけじゃないですよ）、今もローマ法王の夏の別荘地に敷いてあるというのがわかりまして、それをテレビでやったときの画像です。だからコメンテーターのテリー伊藤さんがここに映っているんですけど、クールジャパンの先駆けじゃないかということで調べてくれたんですね。だから経産省さんとか日テレさんも非常にがんばって取材してくれたんですけど、これで実は一つ残念なことがわかったんです。

この絨毯は誰からもらったと言いましたっけ？　そう、枢機卿ですよね、アメリカの。ですから、ローマ法王庁はメイドインジャパンだって知らなかったんですね。こうした取材でそういうことがわかるんですけど、私の周りでここ数年いろいろな面でこういう動きが出てくるんです。これもマッカーサーカーペット同様、後ほどお話をしたいと思います。

昭和40年代に入ってくるとアメリカにも非常に廉価なものが入ってきて、日本人のお給料も上がってくる。そう、価格面での競争力がなくなってくるんですね。それで輸出がどうにも成り立たなくなってしまう。そのときに、当時の社長がどうしようというふうに悩んでいたときにちょうど入ってきた仕事が、この写真にある皇居新宮殿の仕事だったんですね。これは長和殿《ちょうわでん》、表御座所《おもてござしょ》、全部含めて相当な面積、特に春秋の間というところは畳、330畳もあるんです。これが、うちの会社でいうと1年半分ぐらいのキャパシティの量があって、それで輸出から国内のほうに仕事を切り替えることができたという、ある意味エポックメイキング的な仕事なんですけど、ここからわれわれ自身が仕事を日本国内に目を向けるわけです。

それで「日本の絨毯」ということで、今もうちの代表的な柄ですけど、さくらであったり、能装束の衣装の柄であったり、「日本の絨毯」というホームユース向けの展開をする

写真８　マーセライズ加工の様子

わけです。あと、いわゆる建築での敷物ですね。こちら、上のほうが京都迎賓館の写真です。平成17年に京都御所の中にできたナショナルゲストハウスです。下の写真のほうは大手町、経団連会館の納入写真です。このようにホームユースと建築の仕事をやって、うちの会社は本当に皆さんの企業から見たら小さな企業ですが、バブル経済に乗りながら、特に建築を中心に業績を伸ばすわけです。

競争している会社は、鍋島緞通や赤穂緞通、堺緞通のように江戸時代から始まった絨毯づくり。山形での絨毯づくりは、昭和10年、中国人技術者を日本に招いて始まった絨毯づくり。いろんな著名な建造物で、何で山形の歴史のない絨毯メーカーが採用されたかというと、一つだけ、われわれにしかできない技術がありました。それは何かというと、よくジーンズなんかでもエイジングという言葉があると思いますが、これは木綿の世界なんかでもあって、木綿もそうなんですけど、アルカリ処理をすると非常に風合いがよくなるんですね。この写真は新品の絨毯なんですが、これを浴槽に漬けて、アルカリ溶液で絨毯を浴染するんです。

これをやるとどうなるかというと、ウールが溶けて染料が微妙な色変化を起こして、ものすごく肌触りのよいシルクのような風合いになってくるんです。この加工をしたものが、非常に高級な絨毯ということの認定をもらった。ここに「新品の絨毯に豊かな艶と風合い、滑らかな触感を醸し出す」とありますね。それでうちの絨毯が、皆さんのお手元の納入実績（掲載省略）にあるようないろいろな有名な建造物に先輩方が納めてきたという、そのエピソードにつながっていくわけなんですね。この技術がなければ、山形の田舎町の絨毯屋がそんなところに納められる背景ではなかったわけです。

だけど、やっぱりわれわれのようなものづくりを取り巻く背景は変わります。先ほどのスライドにも、『日本の絨毯展』とありましたが、ああいう桜であったり、あるいは能装束の着物の和のデザインなどを、いろいろな全国の百貨店さんと取り組んで一緒にやったんですけど、そういう百貨店さんにまた中国などから、非常に安い絨毯が入ってくるんです。

ここですよね。アジアからの輸入品の台頭の中で、何がわれわれには対抗できないか。

まず低価格。特に中国から入ってきた絨毯でした。当時、中国の絨毯は、われわれのような小さな町の用品店屋さんでも60センチ×90センチほどの大きさの手織り絨毯を、１万円ぐらいで売っていたと思うんですけど、本当に安いお値段で。

また、低い掛け率の問題。ペルシャ絨毯について専門家の立場からいえば、良いものはものすごく良いんですけど、われわれの業界自体が掛け率という言葉が非常にある意味シビアな世界です。われわれのような日本でメードインジャパンで作っているものづくりって、流通においてどうしても掛け率が高くなります。そうした商材を扱っても、百貨店さんを含め仕入れして売るとなかなか利幅が少ないから、もっと利益出たほうがいいよねということで、やっぱりペルシャ絨毯という流れになる。

あと、ここです。ペルシャ絨毯と比較したブランド力不足。うちの絨毯でちょっと大きい手織のもの、なかなかたくさん作れないんですけど、「渡辺さん、これいくら?」とお客様に聞かれたとすると、「これは約８００万円ですね」とお答えすると、大抵のお客さん、「はー…」とため息をつかれます。ところが、ペルシャ絨毯が同じような質問をお客様にされ、「これ２０００万円ですよ」と言うと、「そうだよね…」と言われる方が意外に多いそうです。

なぜなら、ペルシャ絨毯というのは、日本では良いものだという感覚が頭に刷り込まれているわけです。ですから、首都圏で百貨店さんが「ペルシャ絨毯展」を開催すると、私の知っている得意先では、その会期中2億円も売り上げたとか聞いたことがあります。ただペルシャ風というのは、品質の幅がものすごく大きく、すごく良いものからそうでないものまで、幅が広い。日本ではペルシャ絨毯というのは、すごくブランド力を持った絨毯なんですね。

われわれの個人向けの絨毯自体はブランド力不足というのが非常にあって、建築の仕事がどんどん伸びてくると、個人向けというのは本当に山形県内が中心となっていたんです。おかげさまで地元では、われわれの絨毯を使われることが、ステイタスのような意味合いもあるといわれるんですが、一歩県外へ出ると、やっぱりそうはいかないわけです。

あともう一つ、このスライドでのホームユースの市場がこういう厳しい環境なのに、今度こっちのコントラクト市場のほうも取り巻く環境が厳しくなってくるわけです。建設業でのコントラクト市場というのは、すごく景気の動向に大きく左右されますね。私が会社に入社する少し前、バブル経済がはじけました。そしてリーマンショックがありました。経済がこうした厳しい環境に陥ると、「良いもの＝贅沢品」の観念が強まってくる。たとえば、そちらの方は、どちらのご出身ですか？

（**【西上（受講生）】**　大阪です。）

大阪ですか。大阪だと、堺とか近くの京都も織物の産地ですが、たとえば大阪のどこかの市庁舎の市長室とか応接間に、山形のすごく高い絨毯が納まったという話を聞けば、今の一般市民の意識でいうと、「何でそんな高いもの使うの？」という感覚は絶対ありますよね。このような金額だけでものの良し悪しが判断される風潮にあると、ある意味でわれわれのような〝ものづくり〟ってなかなか難しい状況となります。要は、「良いもの＝贅沢品」に一括りにされちゃうということ、このような意識がわれわれの〝ものづくり〟の存亡にかかってくるのです。

あともう一つ、縮小傾向の市場の中で、品質より価格が重視されるようになった。「良いのはわかるんだけど、この値段でやってくれるなら…」こうした声も聞こえます。われわれの〝ものづくり〟の思いが正当な評価をされなくなっていると。私は思うんですけど、「良いものを作っていれば売れるんだ」と、〝ものづくり〟の思いだけで考えてはいけないと。良いものというのは市場があってこそのこだわりのものづくりで、お客さんが評価して購入してくれなければ、それは単なるものづくりの独り善がりでしかないのではと…。

ものづくりの継承をかけてのブランディング取組み

そこのところを本当に思い切り気づかされたのが、2011年3月11日に起きた東日本大震災でした。このときには、うちの会社自体は山形の本社工場で作るもののほかに、関西の協力会社さんにお願いをして、機械で織ってもらうカーペットも扱っているんですね。ところが、あのときは皆さんご存じのように、外国人のほとんどの方が帰国、あるいは日本への出張を取り止めてしまい、東京都内のあるホテルがワンフロア全部クローズしちゃうとかそんな厳しい稼働状況となり、われわれの会社ではホテルさんの敷き替え延期など1億数千万の仕事がキャンセルになったんですね。これまでの厳しい経営環境を持ちこたえた中での震災でしたから、会社自体をどう存続させるかぐらいの、大きな岐路にありました。また、木造の建造物である工場の建物自体が大変深刻なダメージを受け、精神的にはやっぱり追い込まれましたね。

そのときに唯一、もし可能性があるなら懸けてみようと思ったのは、実はこういうことがあったんですね。うちの会社にたまたま何かの縁で県外から来た方が、「日本にこういうものづくり、こういう絨毯を作っている会社があるのを知らなかった」と感動され、お客さんになってくださる、高額品を買ってくださる方がおられる。それまでも、いろんな方から「オリエンタルさんの絨毯は海外、ヨーロッパ、中国、ドバイ、そういったところのお金持ちに売らなきゃ」ってずっと言われてたんですけど、海外での販売の前に日本国内でも、われわれの絨毯を知ってもらえば、もっともっと買ってくださるお客さんがいるんじゃないかという思い、諦める前にもっともっと知ってもらう努力をするべきではないか、これが実は私自身が土俵俵に足がかかった状態で会社を続けようととどまれた想いだったんです。

ただ、その当時、私自身は会社に30歳で入社していますから、20年以上の経験があるわけですけど、〝われわれのものづくりを日本全国に伝える〟ということができていないわけですよね。ちょうどそのころ、ある人物と出会いブランディングということを知り、先ほどの自分の想いを信じてこのブランディングというものに挑戦しようと決めたのが、実は山形緞通のスタートなんですね。

だから、山形緞通という言葉を私たち自身が使い出して、まだたった5年しか経っていないんですね。私が考えるブランディングというのは、すなわち〝コトづくり〟だと思い

資料1　ブランディングによる方向性

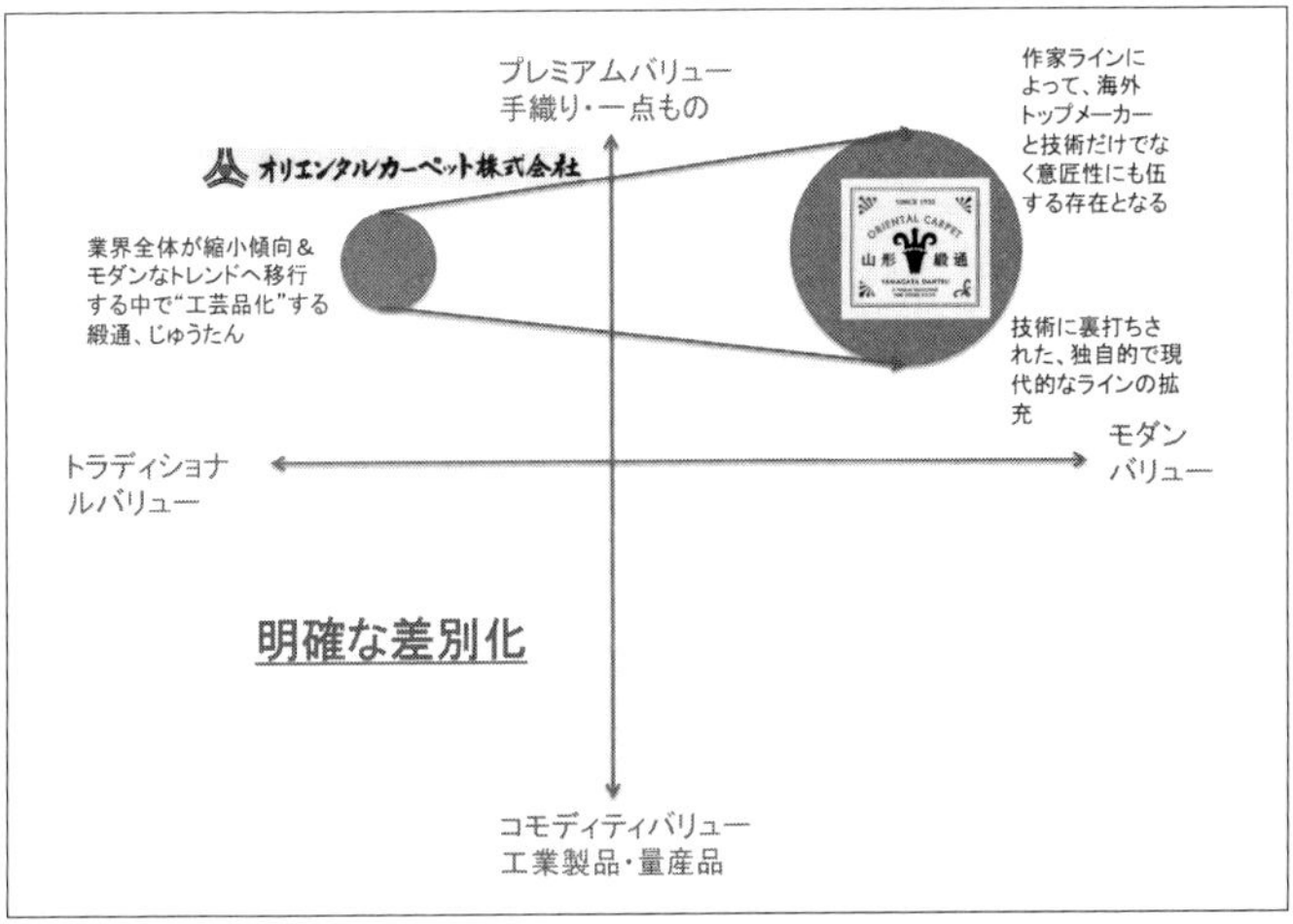

ます。ものづくりとして〝良いもの〟を作るのは当たり前。今、お客さまは良いものだけでは商品価値にならないし、購入してくれません。ものづくりの背景であったり、想いであったり、職人さんの技術であったり、そういったものを整理して〝コトづくり〟としてちゃんと伝えていこうという取組み、それがブランディングだと思います。これは、当時の私たちの〝ものづくり〟の立ち位置を図表にしたものなんですね（資料1）。

立ち位置を説明するにあたり、横軸、縦軸ありますけど、この縦軸の上のポジションが手織りとかプレミアムバリュー、一点もの。下のポジションがどっちらかというとコモディティバリューで、工業製品、量産品。またこの横軸が、左側がトラディショナルバリュー、右側がモダンバリューということで見てみると、われわれの絨毯づくりは、本当にプレミアムバリューそしてトラディショナルバリューの立ち位置ということで、まさに伝統工芸品の立ち位置だったんですね。

ここに書いてあります。業界全体が縮小傾向、なおかつモダンなトレンドへ移行する中で、工芸品化している立ち位置。われわれが戦っている世界というのは本来はインテリアの世界ですから、工芸品となってしまうと、われわれ自身はインテリアの生活空間の中から消えざるを得ない。デザインをモダンバリューに展開しながらも、ここにありますようにすでに一緒に取り組んでいた奥山清行さんなどとの作家ラインによって、海外トップメーカーと技術面だけでなくデザイン、意匠的にも伍する存在になっていこうのが、ブランディングを通じてのあるべき姿だったわけです。そして技術に裏打ちされた独自的な、現代的なラインの拡充ということが、ブランディングを通じてのスタートとなったわけです。

社長である私とブランディングデザイナーの考えだけでやると、やっぱり社長が勝手にやった、社長一人でやっているとそういうように社員に思われたらうまくいかないので、ブランディングデザイナーさんからのアドバイスもあり、社内のデザイナーであったり実

資料2　山形緞通のロゴマークとポリッシュアップ

SINCE 1935
ORIENTAL CARPET
山形　緞通
YAMAGATA DANTSU
A WARM WELCOME FOR EVERY FOOT.

GOOD DESIGN

特定のデザインということでなく、『山形緞通』のブランディングの取り組みを評価して頂いた意義は大きい

際の現場のキーマンであったり、そういう社員を集めて『山形緞通プロジェクト』をつくって、まずは会社の良いところ探し、悪いところ探しから始めました。ほかにも、みんなで意見を出し合い、話し合い、決めていきました。

たとえば、名前の案としては「日本絨毯」もありましたし、「山辺絨毯」もありましたけど、でもあえて、われわれのものづくりの背景である山形という言葉を使っていこうと。オリエンタルカーペットという社名は、以前、都内の百貨店さんで展示会に出たときに、来られたお客さんに「オリエンタルカーペットってどこのペルシャ屋さん？」なんてよく言われて…。また、同じく百貨店で「オリエンタルカーペット展」とタイトルのついたペルシャ絨毯展を目にされたことはないでしょうか？　これまでホームユースでは、そうした

勘違いされる経験もしてきたので、はっきり山形という名前を前面に出していこうと。

ちなみに、この山形緞通のロゴマーク、これはブランディングの取組みとともに会社の新しい社章になっている、われわれが使用する羊毛の代表的な存在であるブラックフェイスという羊の顔を象徴的に示しているのですが、このロゴマークの中に山形県の山の形のイメージが3つ隠れています。……角はわかりますよね。この角が山形県の山。この羊の顔も、半分から切ると上半分も山の形、下半分もひっくり返して見てみると山の形なんですね。こちらは山形緞通の商品のラベルなんですけど、四隅にマークがあります。左上から紡績、右上が染色、そして右下が手織り、そして左下がマーセライズというわれわれの特殊技術、つまり山形緞通は一貫管理のものづくりをしているという、そういうメッセージを伝えているラベルなんですね。

ブランドコンセプトが、「足もとからのおもてなし」。納入した歌舞伎座さんに、私の友人が行ったときに、「たくさんの人がいて絨毯の柄を全部見ることはできなかったけど、踏んでいる絨毯の足触りから、これから始まる歌舞伎の楽しみ、わくわく感がさらに強くなった」と…。あらためてわれわれの絨毯は、お客様をもてなすのはもちろんですが、使われるその人自身ももてなすものなんだという想い、ここなんですね。

あと、デザインテーマを明確にしました。さっきの昔からある桜、能装束の秋草の柄、また奥山清行さんもUMIとか、そして隈研吾さんもKOKEとか、全部〝自然〟だったんですね。同じモダンでも、競争相手となる上場企業さんにはデザイナーさんが何人もいて、そしてヨーロッパに年中研修に行かせられるようなところと、同じモダンで競争するのは得策じゃないなと。それなら、すべてこれから山形緞通はデザインテーマは〝自然を取り込む〟と限定しようと決めたわけです。だから今回、佐藤可士和さんに絨毯のデザインを依頼するときも、デザインテーマは〝自然を取り込む〟にしてくださいという形でお願いをしました。すなわち、自然以外のデザインテーマは山形緞通とは言わないんですね。

このようにして、いよいよ山形緞通というブランドを立ち上げます。

またこれが、われわれが大変大事にしているブランドステートメントなんですね。ちょっと読みます。

「素足で歩く。ごろんと横に寝ころがる。一枚の絨毯から始まる心地よいひととき。時の流れとともに、絨毯の表情はしなやかに、艶やかに変わっていきます。絨毯は、日々の暮らしに寄り添いながら、足もとをやさしく包みます。

昭和10年、私たちはシルクロードを渡った織物の技術を学び、ここ山形で、素足の生活様式に合わせた日本の絨毯を独自につくり続けてまいりました。山形緞通は、日本で唯一、糸作りから染め、織り、アフターケアまで、すべてに気を配りながら、職人による一貫生産を行っています。

最高の絨毯をしつらえ、客人を、家族を、そして自分をもてなす。私たちは『足もとからのおもてなし』の気持ちをお伝えし、皆さまの暮らしが豊かになっていくようにと願っています」。

われわれがものづくりに悩んだときには、必ずこのブランドステートメントに戻って照らし合わせ振り返るというのが基本なんですね。山形緞通の根幹にかかわるものです。

このスライドを見ていただくと、ここに「伝統工芸品としてでなく、インテリアを彩る製品として」とあります。11月に有明の国際展示場で「インテリアライフスタイル」という展示会があるんですけど、毎年そこで新作を発表しています。これがうちの会社の展示会のブースです。山形緞通という地方の伝統工芸をイメージする名前でありながらも、こういうグラデーションの世界であったり、著名な注目されているデザイナーさんとのコラボであったり、この山形緞通の取組みをやってからの展示会ブースには、特に若い女性のデザイナーさんやバイヤーさんがたくさん寄ってくれるようになりました。取り組む以前

写真９　伝統工芸品としてでなく、インテリアを彩る製品として

のわれわれのブースでは、見られなかった光景です。

こちらのスライドも同じですね。「伝統工芸品でなくインテリアを彩る製品として」です。これはあるハウスメーカーさんとタイアップをして、モデルハウスの主寝室に山形緞通の玄関マットサイズをタペストリーとして飾ったものです。伝統工芸品というのを否定するわけじゃなくて、われわれの絨毯が戦っていかねばならないシーンはインテリアなんですね。そこからずれてしまうと非常に難しい立ち位置となってしまう。

また、うちの絨毯自体はもともと手づくりで高価格帯のものですから、比較的、購入者の年齢層は高かったんです。でも、今後このものづくりを続けるうえで、若い方々にいかに絨毯を使ってもらうかという課題がありました。山形緞通のその一つの取組みが、こういうグラデーションの現代ラインという絨毯です。山形緞通を始める前はほとんどが古典柄で

写真10　現代ライン（CONTEMPORARY LINE）（空景シリーズ）

したので、まずうちに欠けているラインナップというので、現代ラインを開発したんですね。この製品は若い方々の支持を得ています。

こちらのスライドは古典ラインということで、昔からあった、職人が縦糸に毛糸を結んで作る手織り絨毯です。手織というのは高級品ですよね。さっき言った6帖サイズで800万円とか、2帖サイズで250万円の価格になってしまう手織り絨毯なんですけど、これはわれわれの会社だけでなく、日本の中でもそんなにたくさん作れるものでもないですから、私としてはこの値段でも求めたいと言ってくださるお客様にお使いいただきたいと思います。

また先ほども話しましたが、若い皆さんに関心を持ってもらって使ってもらえるようなものづくりをしていかなければなりません。たとえばマンションを買ったとき

写真11　古典ライン（CLASSIC LINE）

に、リビングにちょっと何か良いものが欲しいよねという、そういう人たちに求めてもらおうと考え取り組んだのが現代ラインです。これは古典ラインよりずっとお求めやすく、2帖サイズで30万円と35万円の2種類あります。もちろんこの金額を決して安いとは言いませんが、ちょっと良いもの欲しいよねと考えるお客様にはぴったりの絨毯です。そしてこのグラデーションは、われわれの技術ならではのものなんですね。

さっき言いましたが、うちの会社は日本で唯一糸づくり、染め、織り、アフターケアまで一貫生産をやっているという話をしましたけど、さっきのブルーの絨毯があったじゃないですか。あの霜月というデザインの絨毯は、もともとここにあるように白から濃い青の6つの基本色を41色の組み合わせをつくり表現したグラデーションなんですね。だからこのグラデーションは非常に柔らかです。これは絨毯屋として自社染色を日本で唯一われわれだからできる、そういう工夫がされているんですね。

でもこの絨毯の色数は41色もありますから、それを準備する社員さんたちはすごく大変なんですね。ある社員さんに言われたことがあるんです。「社長、これ大変だ」と…。そのときにこう話しました。「でもね、何か大変だったり、工夫したり、ほかが真似できないオリエンタルらしいことがないと、われわれの絨毯づくりの付加価値はないんだよね」と。

しかしながら、こうした色の準備工程で大変な苦労はあっても、織りで早く織れるデザインの工夫をしているんですね。ですから、ある程度価格を抑えた製品となっています。自分たちの技術を生かした差別化というのは、製品開発には必ずなければならないんですね。

こちらのスライドはデザイナーラインのＵＭＩなんですが、これは10年になるんですよ、うちで発売して。今でもこれはなかなか在庫がありません。在庫がないというと、皆さん誤解されてしまうかもしれませんね。この絨毯を一枚作るのに4週間納期をもらっているんです。おかげさまで大変人気があり、在庫を作れば売れていくという状況です。Ｕ

写真12　デザイナーライン（DESIGNER LINE）　左がUMI

ＭＩは、うちの代表的な絨毯になりました。

奥山清行さんのＵＭＩは42万円なんですね。こっちの隈研吾さんのＫＯＫＥというのは実は65万円ぐらいしちゃうんですけど、これは素材にシルクも使っているんです。このＫＯＫＥは実は市場で動く製品になるには時間がちょっとかかりました。65万円という金額の設定もあったんですけど、すぐは動かなかったんですね。

うちの工場に元サッカー選手の中田英寿さんがいらしたことがあって「渡辺さん、実は僕、この絨毯が見たかったんだよ。これは絶対売れるから、どんどん出していきな」って言われました。果たして、このＫＯＫＥも今、中田さんの言われるように人気商品です。こういう話をすると、「中田さんは買っていったの？」っていろんな方に聞かれるんですが、残念ながら買ってはいきませんでした（笑）。

中田さんとそのときにずっとしゃべっていて思ったのは、うちの子ども3人ともサッカーをやって、一人はJリーグの下部組織なんかにもいたもので、私もプロのサッカー選手と話をした経験があるんですけど、何か建築家と話しているような感覚になっちゃうんですよね。そのとき、中田さんが話されたのは、「渡辺さん、今ネットの世界で何でも情報が集まるけど、最後は現場だよね」と…。そういう話が中田さんから出てくるとは全然思っていなかったので、現場という言葉が出たときには、本当に驚きました。このUMI、そしてKOKE、山形緞通の非常に代表的な2枚です。

山形緞通を支えるブランドパートナー

あとでも話しますが、今年（2017年）からヨーロッパ、シンガポールと台湾と、山形緞通を海外に販売しようとチャレンジしています。海外の展示会でもUMIとKOKEはたくさんの方が興味を持ってくれるのですが、特にKOKEには大変な関心を持ってもらえます。実際の海外での経験を通じ、われわれとしてはヨーロッパの市場を開拓してい

写真13　新古典ライン（NEOCLASSIC LINE）

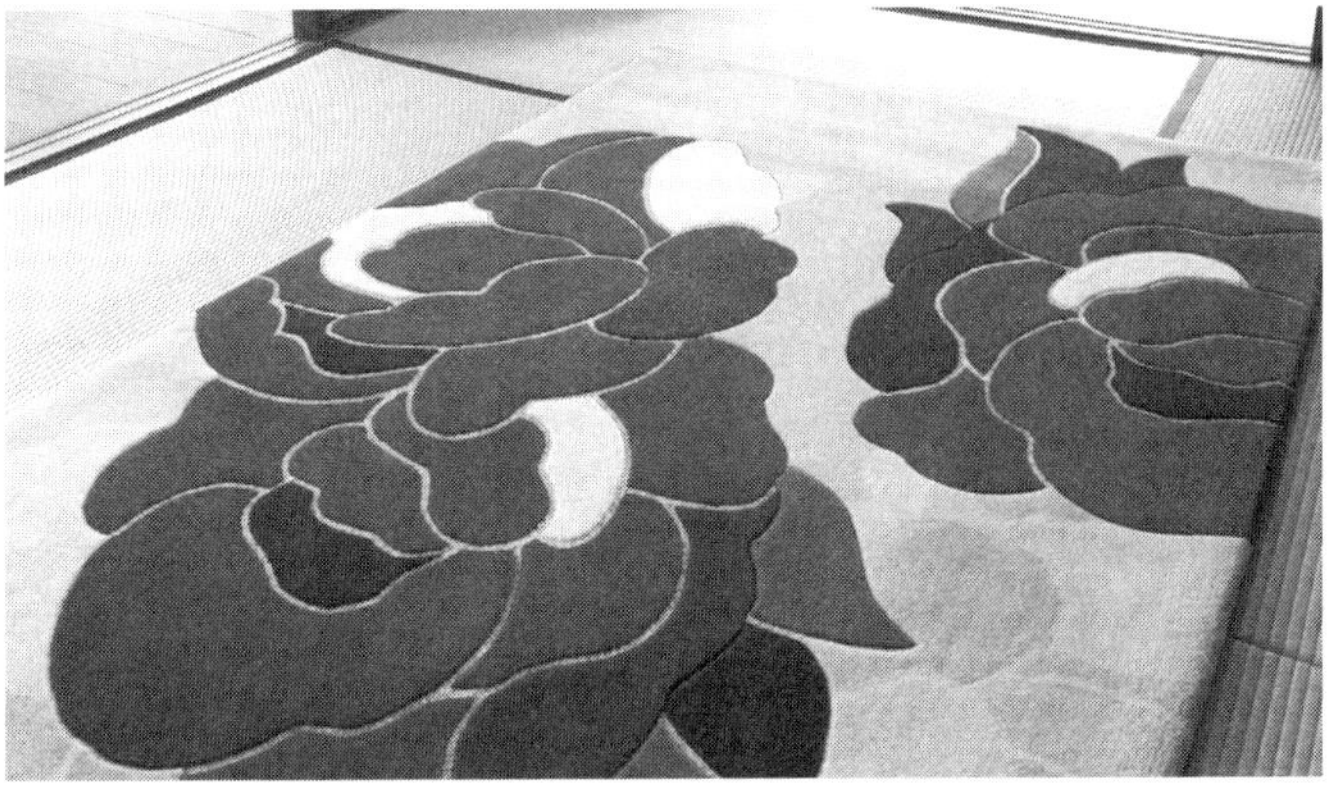

くには、このKOKEという絨毯が一つの切り口になると思っています。

山形緞通のラインナップとして、もう一つ、新古典ラインというのがありました。実は同じ古典を作る案もあったんですけど、新古典というラインが山形緞通にはないよねということで作られました。この新古典ライン、つまりネオクラシックラインということで、デザインは牡丹であったり、石楠花《しゃくなげ》であったりです。こうして古典、現代、デザイナー、新古典という4つのラインで山形緞通を組み直すわけです。

われわれの山形緞通自体は、どんどんポリッシュアップを、5年前の立ち上げ以降毎年やっていこうということで取り組んできました。どのデザインということでなく、山形緞通の取組み自体をグッドデザインに認定いただいたのもそうなんです。

山形緞通の取組みとして、昔からあった古典をリメークしたくてうずうずしているんです。たとえば私自身が、たくさんのお客さまにお勧めし買っていただいた、昔からの私の大好きな柄もあります。私、よく山形で言われるんです。「最近、渡辺さん、ハイカラな絨毯ばり作ってて。おらえのうちには昔からの柄が合うな」と。本当、そのとおりなんですね。2世代、3世代家族の多い山形県の住まいには、山形緞通に取り組む以前のデザインがむしろ似合うかもしれない。

だけど、われわれの取組みである山形緞通は、消費量の多い都市部で売れなければならないし、若い世代の人に使ってもらえる絨毯でなければならないのです。今こうしたところを最優先して取り組んでいるんですね。

今、山形緞通のデザインを支えてもらっているパートナーの、まず第一は奥山清行さんです。奥山さんは高校の同窓で、私が1年生のときの3年生の先輩でした。ピニンファリーナというイタリアのデザイン事務所に働いておられた。アジア人で唯一フェラーリをデザインしたカーデザイナーで、ちなみにエンツォフェラーリという創業家の名前のついたフェラーリをデザインしているんですけど、彼がピニンファリーナを辞めて山形に一人で帰ってきたときに、私の亡くなった兄の紹介で一緒にお酒を飲んだんですね。それが初めての出会いです。そこからすでに十何年経ちますけど、今、渋谷の神宮前に事務所があり、40人以上のスタッフを抱えて仕事をされています。まさに奥山清行さんとものづくりをご一緒して、彼が階段を一段一段上ってきているところを見てきたわけです。日本でトップの工業デザイナーだと私は思っています。奥山さんとの出会いがなければ、われわれの山形緞通という取組みも生まれなかったと思います。

あと、建築家の隈研吾さん。隈先生とは新生・歌舞伎座でご一緒に仕事をさせていただきながら、ホームユースではＫＯＫＥ、ＭＯＲＩ、ＩＳＨＩというデザインを展開させていただいてます。

あと、西澤明洋さんという山形緞通のブランディングパートナーです。私の名刺一枚から、ホームページもそうですし、その三つ折りのパンフレットは違うんですけど、カタログもそうですし、山形緞通の多くの取組みに関わってもらっています。西澤さんは、ＣＯＥＤＯビールさんのブランディングなど、いろいろな企業のブランディングに関わっておられます。日本のものづくりを元気にしようとがんばっておられるお一人だと思ってます。日本には中川政七さんという方がいたり、赤瀬浩成さんという方がいたり、日本のものづくりを元気にしようとがんばっておられる方がいる、本当に良いことだと思います。

奥山清行さんとのものづくりですが、絨毯のデザインにこれまで関わってこなかった方とのコラボは、われわれには初めてのことでした。一番最初にやったのはＭＯＭＩＪＩというデザインなんですね。奥山さんならではの色彩感覚とバランスのデザインで、われわれの社内デザイナーなら絶対に出てこないデザインだと思います。

山形の地場産業が連携し、カロッツェリア研究会という組織をつくり、山形工房というインテリアのブランド名で、出展審査の厳しさでも有名なパリの国際見本市「メゾン・エ・オブジェ」に出展し、展示しました。日本で売るために、海外に持っていき話題を作り、そして日本に戻ってくるという黒船効果的な発想です。実はこの頃、会社の業績も思わしくなく、大変社員さんの期待を背負っての出展でした。「専務、工業デザイナーと絨毯作ってパリさ行って、なんぼ注文持って帰ってくるんだべね」って期待しているわけですよ。

ところが、行ったら全然売れなくて。目の前で、同じく奥山さんがデザインに関わった菊地保寿堂さんという山形鋳物屋さんの「まゆ」という鉄瓶にばんばん注文が入るんです。天童木工さんという有名な家具メーカーさんもいたんですけど、やはり奥山さんがデザインに関わったコートハンガーが、美術館の収蔵品になるという名誉をいただいたりと、そんな様子を目の当たりにしての1年目、「ああ、これはもうやめよう」と。

そして、このMOMIJIというデザインの4帖半を展示したのですが、「これはオイルマネー持った人に売らなきゃ」って言われて。日本でもよく「オリエンタルさんの絨毯は富裕層に売らないと」なんて言われるんだけど、パリまで来て言われたかなんて思ってしまいました。

もう来年やめようともんもんとしていた最終日、会場で渡されたのがこのUMIの資料だったんですね。「渡辺君、来年これやるからね」って言われて。これを見たときに、また絨毯向きでないデザインだなと正直思いました。また会社の製造部長から「コストかかる」とか言われるんじゃないかなと思ったその商品が、今うちの売れ筋の看板商品になっているんですね。（笑）

こうした経験を通じ、山形緞通のブランディング、コトづくりというところは、どんどん社外の人を入れて取り組んでいるんですね。われわれ絨毯業に携わる者からすると、絨毯についてはこうあるべきだという、固定概念があります。専門家ですから当然ですが、社内のデザイナーがデザインするときは、必ずコストも頭に入っている中でデザインをします。それがある意味、大きなチャレンジがないところにつながっているかと。山形緞通に関しては、さっきの西澤明洋さんも奥山清行さんもそうですけど、全くこれまで絨毯に関係してこなかった人たちをばんばん引き入れてやっているんですね。それが実はわれわれのような伝統的なものづくりが変わっていく大きな原動力になるというふうに私は思っています。

そういう取組みをしている中で、「渡辺さん、最近どこを目指してるの？」と訊かれることがあるんですけど、今年の山形緞通のパートナーが佐藤可士和さんです。奥山さんに会うと、やはり同窓であったり、兄の親友でもあったことから「奥山さん」と気軽に話ができるのですが、可士和さんと話をするときは、何と呼んだらよいのか悩みましたね。われわれ絨毯業界が建築家の方をお呼びするときは「先生」って言いますから。まさに隈研吾さんはそうですね。佐藤可士和さんというと、私としては今治タオルのロゴマークであったり、ユニクロのロゴマークであったり、めざましい活躍をされているクリエイティブディレクターさんということで、山形緞通のデザインをどう引き受けていただけるかということに関しては、ちょっと心配したんですね。なおかつデザインテーマが「自然を取り込む」という限定がある中で。

でも、さすがだと思ったのは、こちらとしては去年の新作で出したかったんですけど、

「まずは工場を見なきゃ始まらないよね」ということで、工場を一年目にじっくりご覧になって、一年かけて作りあげてきたのがこれです。TAIYO。ここにネイビー、ブラック、レッドがあるんですけど、非常に皆既日食の状況を各色の濃淡でうまく表現しているんです。

われわれ山形緞通のデザインを見ていると、シーンに合う家具のイメージが浮かばないと、建築家の先生であったり、デザイナーさんであったり、あるいはコーディネーターさんであったり、そう言われることがあります。空間・絨毯・家具、そうした中で使い方を見せなきゃと。確かに、そうした面があるのは事実だと思います。でも、われわれの山形緞通を買ってくださる方って、そこだけで製品を選択されているのではないと感じております。

山形緞通のカタログの写真には、ほとんど家具が使われておりません。お客様がお選びになった山形緞通のデザインに、そこに合うインテリアはお客様がお客様の価値観でご採用くださいというのが、われわれの山形緞通の考えです。デザイナーラインの新しいものづくりを佐藤可士和さんとご一緒できたということは、私どもにとってまた新しい勉強となりました。TAIYOはもう間もなく先行販売という形で、動いているところです。

あともう一つ、今年こういう仕事をやらせていただきました。これは山形県鶴岡市の文化会館「荘銀タクト鶴岡」という施設に納めた緞帳《どんちょう》なんですけど、幅で20メートル、高さで9・5メートルあるんです。千住博さんが原画を描かれた水神という絵を緞帳に作らせていただいたんですね。これも製作期間として1年かかりましたかね。千住先生とお会いして、製作にあたっての基本コンセプトを伺った中での表現でのご要望も難易度が高く、われわれが20メートル×9・5メートルという大きさの緞帳を製作するのも初めてでしたし、それくらいの時間がやはり必要でした。

このスライドの画像、実はこれは緞帳の仕上げをしているところなんです。緞帳のこの一番白い色を千住先生から要請のあったのは、貝殻をコンコンコンと砕いたときのあの白い粉の白さ、胡粉の白というんですけど、その白さにしてほしいと言われて、そういう素材探しから始まりました。羊の毛というのは生成りなんで、少し黄色を帯びた白になってしまうんですね。また、鶴岡というのはシルクの産地で、最初から鶴岡市さんから鶴岡シルクを使うこととの要請もあり、ウールと30%は鶴岡シルクというのを入れているんですけど、ウール、シルク、そして胡粉の白を出すためにスフというレーヨンの種類のものを使って、3種類の素材で水神を表現したんですけど、千住先生からは「原画を超える」と

写真14　鶴岡市文化会館の本緞帳『水神』

2017年９月30日お披露目　幅20メートル×高さ9.5メートル

いう、身に余るお褒めをいただきました。今後の展開として、この千住先生の水神を山形緞通の新作展開に組み入れようと、準備を始めたところです。この緞帳づくりも、われわれとしては大変勉強をさせていただいたところなんですね。

さて、私が今こうやってこういう話を皆さんの前でさせていただけるのも、実は奥山清行さんとの出会いがあってこそと思っています。奥山さんとの出会いというのは、実は物を作っただけじゃなくて、いろんなことを学ばせていただきました。奥山さんとの出会いというのは、本当に大きかったと思います。初めて海外の見本市に行き出展したときは、打ちのめされました。全然皆さんうちの絨毯に関心を持ってくれなくて。そのとき奥山さんにこう言われました。

「展示会というのはみんな1年、2年で結果を求めて、結果がすぐ出ないと費用対効果を考え、脱落しちゃう。展示会で最後勝つのは、そこを我慢してがんばった者だけなんだよ。だからまず5年間は黙って歯を食いしばってやってね」と。

でも、5年間がんばるっていうのは大変なんですよね。でもそれをやらないと、展示会というのは日本国内もそうなんですけど、逆に中途半端な費用対効果で終わってしまいますし、奥山さんと一緒にやったことによって、直後は絨毯は売れなかったんですけど、日本に帰ってきてからいろんな反応が起きました。

さっき出てきたバチカンとか戦艦大和とかマッカーサーの絨毯なんて、うちの会社でいうと、私が入社したときにはもうほこりをかぶっている歴史の一コマだったんですね。それが山形にこういう会社があってこうした納入の歴史を持っていると、テレビ局が取材に来るようになって、一社が動くとまた違うテレビ局が来て、バチカンまで当時の絨毯を調べに行ってくれたりする。こうしたいろいろな動きが奥山さんとやったことによってわれわれの周りで動き出したんですね。

ですから、よく質問されるのが「佐藤可士和さんって誰から紹介してもらったの？」という質問の答えも、実は奥山さんなんですね。そういう意味からいうと、奥山清行さんとの出会いというのは私どもにとっては社運が変わるほどの出会いだったと思います。また、亡くなった兄が奥山さんを私に紹介してくれたのも運命だったんだなと思うんですね。奥山清行さんという世界的な工業デザイナーと製品をつくっただけでなく、そうした人と一緒に取り組んでいる事実が、われわれが山形緞通というブランディングに取り組もうという大きな支えになっていたと思います。

２０１９年に地元山形県に山形県総合文化芸術館というのができるんですが、そこを地元の山形銀行さんがスポンサーになって、緞帳の製作会社としてうちを指名していただきました。緞帳のデザインは奥山清行さんにということで、オール山形で製作します。先ほどの鶴岡の千住先生の緞帳、幅20メートルの高さ9・5メートルだったんですけど、今度作る緞帳は幅23メートルの高さ13・5メートルです。千住先生の緞帳の場合は、もともとあった水神という絵ですが、緞帳を作るのに1年かかりました。今度の奥山さんとの緞帳づくりはデザインから作るのに2年しか納期がないので、大変忙しくなかなか直接お会いする時間を取るのが難しい奥山さんと、いかにスピードを上げて作っていくかに尽きると思っています。

若い人が希望を持てるものづくり

取り巻く経済環境の大きな変化の中で、本当にわれわれ自身がこうしたものづくりの仕事を続けられるかどうかの瀬戸際にあったときに、ブランディングというものに懸けてみた。その取組みのおかげで、今、若い社員さんがこの3年間で20人ぐらい入っています。皆さん、新卒じゃないんです。前職は全く違う世界にいた、そういう人たちがわれわれのものづくりの様子が流れたテレビを見て、「私も職人になりたい」って入ってきて、みんな戦力になっているんです。なかには、もうその工程の中心になって働いている人もいますし、千住先生の水神を緞帳に作るための色の分析という大変な作業を一人でやり遂げた職人さんは、2年前に入ったばかりの人です。

よく「最近の若い人は、ものづくりのような仕事をしたがらない」なんて聞くことがありますが、こうしてものづくりをしたいという人が実はいっぱいいるんだなというのが、私の実感です。

でも、われわれのものづくりのキーマンの問題であったり人の問題ということは、人材の確保という会社の大きな課題ではあります。こうしたものづくりをしたいという方に、われわれの情報をどう発信をし伝えていくのか、技術伝承の面でも大事なことと思っています。

私どもはある意味、土俵の外に出てしまうかぐらいまで追い詰められたこともありますし、こういうものづくりをどう続けられるかと本当に悩んだこともありますけど、先ほど言いました、若い人がこういう仕事に携わってもらっているので、彼女、彼らがこういうものづくりで希望を持てる会社に、早くもっと中身を良くしていきたいと思って、今、いろいろな努力をしているところです。

今日は皆さまの貴重な時間を私どものものづくりに関して話をさせていただきましたこと、本当にありがとうございました。(拍手)

今からもしご質問があればよろしくお願いいたします。

質疑応答

【長沢】どうもありがとうございました。積極的にご質問。はい、どうぞ。

【二宮（質問者）】本日はお話ありがとうございました。ストライプインターナショナルというアパレルの会社に勤めております二宮と申します。ものづくりということで、非常に高い技術に裏打ちされている御社の取組みがあったかと思うんですが、逆にもし、もうやっていたら申し訳ないんですが、この技術を生かして、絨毯以外の何かを始めるというようなことは考えていらしたりするんでしょうか。

【渡辺】私としては絨毯屋ですから、絨毯の仕事から外れようとは思っていないんですね。ご存じかどうかわかりませんけれど、山辺町というのはニットの産地でして、COOHEM（コーヘン）という自社ブランドを出している、米富繊維さんというところがあります。もともとニットの生地なんですけど、それを最近プーマさんと取り組んでシューズであったり、あるいは糸井重里さんのほぼ日さんと組んで手帳のカバーをつくったりと、雑貨の分野にも広げているんですね。

もともとアパレルからそういう雑貨という分野に広げようとしている見本を見せてもらいました。私としては、今度こちらの講義に来られる佐藤繊維の佐藤さん（第4章参照）と佐藤繊維さんのモヘアを使った絨毯をつくろうとか、われわれとしては絨毯という範疇を外れない中で、外のものづくりさんと連携して新しいものづくりをしていきたいと、私としては考えているところです。

私自身が今56歳（講演当時）で、社長になってはや10年ですが、次の世代になったらどうかわかりませんけれど、今は本業のところでいろいろな幅広いものづくりをしてみたいというふうに思っています。

【二宮】 ありがとうございます。

【渡辺】 ぜひ米富繊維さんのCOOHEMってウェブで見てください。

【西上（質問者）】 資生堂で働いています西上です。お願いします。海外展開でヨーロッパのほうはもう行かれているという話がありました。今うちの会社でもチャイナの需要がすごく高くて、富裕層とか向こうで相当二極化している、金を持っている人がすごくいっぱいいると思うんです。人を招いているという話だったんですけど、中国には行っていないんですか。

【渡辺】 山形緞通というのは、われわれの登録商標で、実は一つの会社で地域名のついた商標登録ができたというのはめずらしいようですね。審査官には一度拒絶されたんです。確かに、うちを退社された方が奥さんと2人で関西の大手メーカーの下請けをされたり、元々うちの協力工場だったりした方がやっている会社が3つほど、近辺にあるんですね。ところが歴史的な背景があって、うちの創業者が中国人を山形に招いたことによって山形に絨毯づくりが生まれたんですね。そして以降も、下請けでなく、メーカーとして実績を長年にわたって積み重ねてきた。そういうところを再度訴え、結果承認をしてもらって、今、山形緞通はわれわれの商標登録になっているんですね。

ヨーロッパで商売をしようと思って、そのときも商標登録を申請したのですが、ユーロでは山形緞通が認められ、オリエンタルカーペットという社名が拒絶されて、もう一回覆そうと反論し再申請しましたが、それでも拒絶されてしまいましたが、山形緞通が認められているのでそちらで進めております。ところが中国、実はすでに山形緞通は第三者に商標登録されていました。

【西上】「山形緞通」という商標をですか?

【渡辺】 はい、うちが取る前に取られています。3年間使っていないというのがわかったので、もし費用をかけて、いろいろな国や県の助成制度を使ってそれを覆すことも可能なんでしょうけど、ある意味、中国ビジネスの難しさというのが非常にそういうところも含めてあった中で、われわれにとっていかに富裕者層に山形緞通の情報が届くかということがなかなか難しいのも中国なんですね。これまでも、中国からいろいろな方が来られて、一緒にやりましょうみたいなお声掛けをいただくんですけど、なかなか難しい。

私としてはとにかくヨーロッパというのがまずは第一の目標で、特にインテリアの世界の中でいうと、ドイツ、フランスで一つ実績を上げたいと思っております。それもようやく今年からです、山形緞通のラインナップがきちんとそろった中で、これから海外へと。

うちみたいな小さい会社でも、たとえばフランクフルトで行われる国際見本市「ハイムテキスタイル」なんかに行くと、うちはさっきも言いましたように、戦っている世界がインテリアですから、絨毯のそれなりの効果的な見せ方を考えると、3メートル×9メートルの展示ブース、しかもデザイナーがしっかりデザインを施してということで、費用もめちゃくちゃ場所代もデザイン代にもかかるんですね。見本市に出展するって、本当にすごくお金がかかるんですよね。

ジェトロさんあたりが確保してくれる、3メートル×3メートルぐらいの大きさのブースではまったくスペースが足りない。

そういう費用のことを考えても、商標というのはアメリカで先に取ってから、他の国に申請を出すと非常に通りやすいって聞いたんですけど、山形緞通もまずヨーロッパで実績をつくってから中国に持っていったほうがやりやすいのかなというふうに考えています。

中国に関してはあともう一つが、デザインのコピーの心配もありますね。

【西上】それを買いに来て、持って帰ることはできないんですか。たとえば、チャイナの買い物の人たちが来て…。

【渡辺】ネットで、別注サイズで問い合わせが来ますね。でも、問い合わせが来るようになったのもここ最近の話です。お見積もりを出すと返事が来なくなるということを多々経験しておりますが、、こうしたことって、われわれは日本でもずっと経験していることなので、今年から本格的に海外展開をやった中でいうと、まず問い合わせが入り出したのは、ある意味良い方向だよねというふうに思っています。いずれにしても中国で売るということを考えると、やはりヨーロッパで実績をつくってからというふうに思っていますね。

ほかに台湾、シンガポールでも販路開拓を目指しております。台湾は親日のところがあって、非常にある意味やりやすい環境があるなと…。同じく、富裕層にどう情報発信を行うのか、現在その切り口をいろいろたどっています。

【西上】 ありがとうございました。

【二宮（質問者）】 納入実績の資料を見ると、資生堂さんも、山形緞通の絨毯を使っているようですね。

【渡辺】 ありがとうございます。実はここ早稲田大学の大隈講堂もわれわれの絨毯が敷いてあります。

【長沢】 さっき、大隈講堂で加藤一二三九段が対談しているから入れるかと思ったら、日にちが違ったようで入れなくて、とても残念でした。ほか。

【吉田（質問者）】 吉田と申します。お話ありがとうございました。ブランディング＝コトづくりだという、すごく明快なメッセージをいただきました。特に力を入れていらっしゃるとおっしゃった工場見学以外に、良いものをきっちり売り切るためにされているコトづくりというのが、何かほかにあれば教えていただけますでしょうか。

【渡辺】 当然のことながら、販売形態というのは将来的には変わっていくと思っているんですね。今うちのホームページをご覧いただいて、フェイスブックとインスタグラムのところを見ていただくと、インスタグラムのほうがカジュアルになって、写真などもすごく洗練されています。実はうちの次男が音楽の仕事をやっているんですけど、彼が手伝ってくれてインスタのほうをやって、女優さんを使ったりして「絨毯のある生活」を画像で情報発信をしたりといろいろやってくれているんですけど、いずれにしてもわれわれのようなものづくりにとっても、オンラインショップというのは、これから一つの大きなビジネスツールになっていくと思っています。

うちのオンラインショップって、実績額が大変大きいわけではないですが、40万円もする奥山清行さんのＵＭＩとか60万円を超える隈研吾さんのＫＯＫＥなどの製品が動くんですね。それってよく考えてみると、こういう高額品の動くオンラインショップって、そうあるものでもないと…。こうした高額品が動くようになったのも、実は非常に明快な理由があって、われわれの山形緞通の取組みがいろいろなところに知れ渡ることによって、実績が上がってくるようになったんですね。

われわれはまだネットの世界でのＰＲというか、情報発信をほとんどやっていないわけです。ですから、これからはわれわれのこうしたものづくりを、デジタルメディアを使って、情報発信を行っていきたいと思っています。絨毯の世界でそういう取組みをしている会社というのはないんだそうですね、次男に聞いた話ですけど。これまでわれわれのものづくりが、日本でテレビ、あるいは雑誌で取り上げていただくと必ず購入されるお客様につながるという反応が起きているという経験からいうと、こうしたネットでの世界販売というのは、ぜひ早急にやっていこうというふうに思っているところなんですね。

私も56歳という話をしましたけど、情報を得るツールがいろいろ大きく変わってきている中で、うちのものづくりの動画を見る人がどこの国の人が多いかとか、そうしたものをきちんと分析し、われわれの販売に生かすということを、こうしたアナログのものづくりだからこそ、これからやっていかなくちゃいけないというふうに思っています。今はごく普通にされていることなんでしょうけど、まだそこまでうちは来ていないですね。

【吉田】 百貨店のほうに入れたりすると、ショールーミングになる恐れがあるんですか。

【渡辺】 山形緞通は、大塚家具さんであったり、匠大塚さんでコーナーを設けてもらっております。百貨店さんも、山形緞通展ってやっていただくんですけど、まだまだ単発企画ですから、常時われわれの山形緞通を見ていただけるよう、がんばらねばと思っています。

【吉田】 ありがとうございます。

【渡辺】 いずれにしても、販売に関してはデジタルネットというのをこれからどのように、われわれの戦うインテリアのところで、うまく活用していくかだというふうに思っています。

【長沢】今のに関連して、たとえば歴史や蘊蓄《うんちく》があるのでテレビに取り上げられる、そうするとネットでまた広がっていくという好循環が始まりつつあるのでは。

【渡辺】そうですね。それが奥山清行さんとの取組みから、ずっとそういう良い動きになっているというのは間違いないです。今、県内外から年間2000名を超える方々が私どもの工場に見学に来られます。われわれがごく普通で、めずらしいなんて思ったこともない日常風景が非常にある意味、都会の方から見れば斬新なものであったりするようで…。そういう意味では、産業観光という面で、すでに山形の食であったり宿泊であったりという他業種との連携は自然にできていますけど、われわれがそれをどうビジネスにつなげていくかというのはまた次の段階というところなんですかね。佐藤繊維の佐藤さんは、GEA（ギア）という直営店の店を自分の会社の中に作られていますね。

【長沢】テレビやネットで取り上げられやすいように、何か仕掛けるということはあるのでしょうか。

【渡辺】それはきっと会社にいる人間にとっては、過去の歴史で、そうした歴史的資料も含めて当たり前、ごく普通のことに思えてたんでしょうね。私はテレビの世界出身の人間ですから、最初に見たときから「すごい宝物」と思ってましたが、いずれ会社のＰＲ素材として使えればくらいの感覚だったと思います。こうした宝物の歴史が再び脚光を得たのも、奥山清行さんとの取組みから始まったというところはあるんですよね。そして隈研吾さんとのコラボがあったり、山形緞通という取組みなどがさらに注目されるきっかけとなり、会社の歴史にまた光を当ててくれる、こうし動きが出るようになったということだと思います。今回の佐藤可士和さんとのコラボのＴＡＩＹＯにしても、いろいろなメディアが取材で取り上げてくださいました。単にお金をかけての広告よりも、パブリシティ的なもののほうが、われわれの製品のようなものは説得力があると思いますね。

あと、さっき長沢先生にもお話をしたんですけど、ＮＨＫの「イッピン」という番組ご存じですかね。これって30分番組なんですけど、ＮＨＫの制作スタッフが、丁寧に時間をかけて製造工程の取材をして、番組をつくりあげています。山形緞通のＵＭＩを取り上げてもらったんですけど、ＵＭＩがそれこそ染毛糸作りから最後の仕上げの工程を経て完成するまで、テレビでご覧になれる。すでに先に取り上げられた会社の社長さんから「イッピンで放映されると、渡辺さん、あれ絶対反響が起こって製品が売れるよ」と言われてたんですね。やっぱり翌日、うちの東京支店と山形本社はＵＭＩの問い合わせの電話が鳴りやまなかったという状況が起きました。
それは何かというと、テレビを通じてリアルなものづくりを見ている、しかも大変丁寧につくりあげていますから、見た方にとっては安心感のようなものも与える。これって、われわれのようなものづくりを販売するうえでの、大きなヒントがあるような気がします。また、テレビって不思議なところで、一つの局で放映されると、間違いなく他のテレビ局さんからも取材依頼が起こります。そういう意味では、こちらからメディアに対し情報提供することの大事さを痛感し、2年前から山形緞通のPR担当の方を社外にお願いし、山形緞通の新しい情報発信は常にメディアに対して行っています。これからはインテリア系の雑誌などにも情報発信を積極的に行おうと思っています。

【長沢】 個人的なことをお聞きしちゃいますけど、テレビ局に就職されたのは、今日テレビをうまく使おうという深謀遠慮を…。

【渡辺】 そんなことじゃないです。こういう機会をいただいたので、私のこれまでの経歴をお話ししたいと思います。実は私はもともと絨毯屋になるべくしてなった人間じゃないんですよ。5代目社長ですけど、私の女房が創業家の一人娘で、同じくテレビ局の同僚で、女房との結婚が縁で絨毯屋になったわけです。かみさんは私に嫁いできたんですが、私が

30歳のときに何とか会社に入って後を継いでくれないかと、当時の役員である親戚筋に言われて入ったというのが自分なんですね。先生にも言っていなかったでしたっけ？　私自身は、生まれながら絨毯屋になるべくして絨毯屋になったんじゃないんです。

だから、ある意味、従来のしがらみにとらわれることがなかったのだと思います。さっき先生が「山形緞通という会社名に変えるの？」とおっしゃいましたけど、ブランディングに取り組み始めたときは、本当に私はオリエンタルカーペットという会社じゃなくて、山形緞通という名前の会社に変えようというくらいの決意をしてました。うちの義母からは、「(創業者の作った) 会社の社章も変えたのに、会社の名前も変えるのっ？」って訊かれましたが、でも彼女は私の取組みを評価していましたので、社名を変えるくらいの気持ちでやっていることはわかってくれてたようです。

でも、ある意味、絨毯屋というのはこうでないと駄目だという社内にあったがちがちの固定概念を変えることができたのは、やっぱり私は最初からの絨毯の専門家じゃなかったからと思います。だから、よく昔の経歴を知っている知人に訊かれるんです。「おまえ、絨毯のことしゃべっているけど、絨毯織れんだが？」。実は、織れないですよ、もちろん知識としては持ってますが。僕がよくうちの社員さんに言っているのは、「私は、ものづくりのスポークスマンで、みんなの一番の理解者だと思ってるって」。全く違う世界で社会人をしていた長男が昨年入社したのですが、大事なことは、自分ができるというところで、われわれのものづくりを、どう自分自身が先頭に立って進めていくかだと話をしています。

【長沢】 もう時間にはなっているけど…。

【岡村（質問者）】 岡村と申します。本当に良いお話で聞き入ってしまいました。最初パンフレットを見たとき高いと思いましたけども、お話を聞いた後はお金に余裕があったら買いたいなと思うようになったので(笑)、ブランディングを実感することができました。ありがとうございました。

質問です。業界の土俵から外れるときがあったとのことで、窮地を経験されたと思うんですが、その窮地から光明が見えて、はね返して、うまくいくような流れになったその瞬間みたいなことが社長さんの中にあったかと思います。そこをもう少し詳しく聞けたらうれしいなということと、そのご経験をもとに、窮地から光明が見えるために何かコツのようなものがもしあれば教えていただきたいと思います。

【渡辺】 われわれみたいな中小企業経営者というのは、仕事がなくなれば会社も倒産し社員を路頭に迷わせてしまうことはもちろん、自分の人生も終わってしまうぐらいの危機感を持っていますから、そういう中で一番どん底のときにはずいぶん支えていただいたのがメイン銀行さんなんですね。メイン銀行の支店長であったり、担当の方であったり、本当に親身になって支えていただきました。もちろん、その人それぞれいろんな個性をお持ちですから、今でも忘れられないくらい厳しい言葉で経営責任を問われたときもありましたが…。

そうした会社状況が厳しいなか、山形緞通という取組みをやるときって、実は経済産業省さんの地域資源活用事業という助成制度を使わせてもらったんです。もともとその前に、奥山清行さんと一緒に山形のものづくり連合体で山形カロッツェリアに取り組んだときも、同じ助成制度を使わせていただいたんですね。これが実は地域資源活用事業の第一号で、私どもの会社に当時の甘利経済産業大臣、財務省の主計官の方などが来られ、奥山さん自身がプレゼンをされたというのが、今でも鮮明に記憶に残っております。

ところが、今回はわれわれが単独で助成制度を申請したわけで、決して会社の財務状況もよくない中でわれわれの山形緞通ブランディングの取組みを認定いただいたのは、発表を聞いたときは涙が出るほどうれしかったですね。

今思うんですが、私の会社、ものづくりはたくさんの方々に支えられていると感謝しております。山形緞通をやって1年目の、現代ラインというグラデーションのシリーズはすぐ反応が出ました。山形緞通という取組みをやったことによって、それまで1億1000万円ぐらいのホームユースの販売を、5年後の今、だいたい2億円近くまで伸びています。決して大きな伸び幅ではないんですが、商品の利益率構造も同時に変えているので、ここが会社の経営安定の下支えになっているんです。

今年のうちの年度スローガンの中に「変わったこと、変えたことの結果を感じ…」という言葉があるのですが、変わったこと、変えたことにより、会社の経営が、そして社員さんの待遇が良い状況になってきたこと、良い流れになってきたことは、みんなが実感していることだと思います。良い流れは、止めちゃいけない。流れを止めると、後戻りしてまた良い流れを取り戻すためにはすごいパワーとそして時間が必要になると思うからです。山形緞通の販路を、国内もそうですけど海外をどう早くつくっていくかというところが、さらなる良い流れの継続、会社でものづくりに励んでいる若い人たちに将来の希望を与えるためにも必要だと考えています。

たくさんの皆さんにお支えいただき、ようやく今スタートラインに戻ってこられた。

でも大事なのは、実はここからなんですね。

【高木（質問者）】 高木と申します。非常にブランディングについてがんばられてきたんだなというのがわかって、感銘を受けました。ロゴもすごくきれいで、私はデザイン会社でデザインとか色とかをやっているんですけども、ロゴも現代に合うすごくいい要素をちゃんと使って伝わるなって、写真もすごくきれいですし、いいなと思いました。

訊きたいのは、山形でブランディングといっても、「は？」と言われそうな高齢の方とかの従業員さんが多い中で、どうやってブランディングが大事だと。それをロゴを変えて、ホームページを変えただけではブランディングにならないと思うんです。それをどうやって皆さんに浸透していったかとか、諦めずにやり続ける経営者の忍耐みたいなのもすごく大事だと思うんですけれど、そのあたりの具体的なお話があったらお聞かせください。

【渡辺】 そこもやっぱり奥山さんが絡んでいるんです。ＭＯＭＩＪＩというデザインあったじゃないですか。ＭＯＭＩＪＩというデザインを作ろうとなったときに、もみじ柄の絨毯はすでに何パターンかありました。そういうわれわれから見れば、奥山さんデザインのＭＯＭＩＪＩは、蛍光色はあるし、ピンクはあるし、すごい驚きでした。このＭＯＭＩＪＩが本当に売れる製品になってくれるか、みんな半信半疑だったと思います。売れないのではと思っていた社員さんもいたはずです。そして次の年の新作がＵＭＩ。まだまだＭＯＭＩＪＩがそれほど販売実績が伸びてないときの新作でしたので、さらにそんな思いを持ったのではと思います。

ところがＵＭＩがどんどんどんどん注文が入り、売れていく。職人さん自身がその注文のＵＭＩを作るわけですし、売れてるって実感を仕事で感じられる。ものづくりをしながら感じてくるわけですよ。絨毯を作る立場としての自分たちの価値観とは違った製品がお客様の評価を得ている、そうした経験があるからこそ、隈研吾さんのＫＯＫＥであったり、佐藤可士和さんのＴＡＩＹＯであったり、新しいチャレンジをできるんですね。そして、変わるっていうことは良いことなんだと…、だからブランディングで新しいことに取り組むことは会社を良い方向に変えるためのものなんだと…。

うちの職人さんのＯＧで手伝ってくれてる人が今４人います。一番ベテランの職人さんは、私は56歳なんですけど、うちの会社で働いて59年という職人さんもおります。（驚きの声）彼女は朝８時半に来て、15時に時短で帰るんですけど、「社長、私、来年も来ていいべか?」と訊くので、「もちろんいいよ。ご家族と自分が健康であれば」と言うんですけど、こうして年を重ねてもものづくりをしたいと思ってくれるのは、本当にうれしいです。

もっとも若い職人さんは20歳代の方たちもいますし、会社が本当に大変なときを支えてくれた40～50歳代の職人さんたちもいます。こうしたいろいろな世代の職人さんたちがいるんですけど、こうした職人さんたちが、変えたこと、変わったことによって、会社が良い方向に進んでいるということを肌身で感じてもらえるというところが、新しい取組みを理解してもらうことだと思っています。いくら社長だけが「これを目指す」、「ブランディングを行う」なんて言ったって、掛け声だけでは、社員さんだって表面上は従ってくれても、実際のところは違うかもしれないですよね。

大変だったのは、私自身がさっきも言ったように外から来た人間で、当初は絨毯のことを何もわからないのにやってるというふうに思った社員さんもいたかと思いますけど、今そういう取組みを一緒にやった中で非常に良い方向に来ているから、やっぱりみんながんばろうという意識は持ってくれていると思います。ある意味、ものづくりを通じて、社員さんたちが変わる方向性を自分たちで身につけてくれたんだなというふうに思いますね。

【長沢】ありがとうございました。だいぶ時間が過ぎたので、最後は特権で私の質問です。オリエンタルカーペットらしさ、あるいは山形緞通らしさというのを社長はどうお考えなのでしょうか。

【渡辺】 山形緞通、オリエンタルカーペットといいますか、われわれのものづくりというのは、女性が支えるものづくりだと思っているんですね。要は、今ＩＴだとかいろいろな話があるんですけど、私は女性の職人さんの作業負担を和らげるために、そういったものを利用するのは良いと思うんですけど、それをコストを下げるため導入しようとは思っていないんですね。われわれのものづくりというのは、山形の女性たちが一生懸命、心を込めてつくっているものづくり。それはわれわれとしては本当に愚直に続けていきたいし、だからこそ価値があるんだというふうに思っていますね。

【長沢】 お配りした資料にも「好きな言葉：愚直」と書いてあって、そこらが「らしさ」の源泉なのかなというふうに思いました。

今日はオリエンタルカーペット社長の渡辺博明様に貴重なお話、「ブランドづくりはコトづくり」と言い切られて、この授業にぴったりのゲストだったと思います。感謝を込めて、拍手を。

【渡辺】 どうもありがとうございました。（拍手）

4

佐藤繊維株式会社

——世界最細モヘア糸：ブランディングとは真似をしないこと

ゲスト講師：佐藤繊維株式会社　代表取締役社長　佐藤正樹氏
開催形態：株式会社アルビオン提携講座「感性マーケティング論」〈第7回〉
日　時：2017年10月19日
会　場：早稲田大学早稲田キャンパス11号館902馬蹄形教室
対　象：WBS受講生

●会社概要●

佐藤繊維株式会社

代表取締役社長：佐藤正樹
設　　立：1954年（昭和29年）、創　　業：1932年（昭和7年）
資 本 金：5,410万円
売 上 高：24億円（2017年11月期）
従 業 員：230名
本社所在地：
〒991-0053
山形県寒河江市元町1-19-1
TEL 0237(86)3134　FAX 0237(86)7716

1932（昭和7）年	創業者が県内で産出する羊毛を原料として紡績業を始める
1954（昭和29）年	紡績設備を整え、原料から撚糸までの一貫メーカーとなる
1975（昭和50）年	ニット製品製造部門を新設し婦人ニットウェアの製造を始める
2007（平成19）年	イタリアのピッティ・フィラティ展に初出展
2009（平成21）年	オバマ大統領の就任式とノーベル平和賞授賞式でミッシェル夫人が着用したカーディガンに糸が使用される
2015（平成27）年	直営店セレクトショップGEAのオープン

1932年に山形県寒河江市に創業し、原料の調達から糸やニット製品の企画・製造・販売と生産から流通までを一貫体制で実施している紡績ニットメーカー。「誰にも作れないものを作る」という信念から世界初の超極細モヘア糸を開発し、一流メゾン等にも糸の供給を行いつつ自社ブランドのニット製造で革新的な手腕を発揮している。また、同社敷地内にセレクトショップGEAを併設しGEAでしか手に入らない自社製品や県内外の作家が手がけた作品を展示・販売している。

佐藤《さとう》 正樹《まさき》　略歴

1966年、山形県寒河江市生まれ。高校卒業後文化服装学院に進み、東京のアパレル会社に就職。1992年、紡績・ニット製造の佐藤繊維へ。独自のモヘヤ糸の開発やニット製品の自社ブランド投入といった川下戦略を推進、その品質の高さは世界から注目されるようになる。2005年に社長就任。県産業賞、経済産業省「ものづくり日本大賞」経済産業大臣賞、アントレプレナー・オブ・ザ・イヤー・ジャパン東北地区グランプリなどを受賞。2017年には春の褒章「藍綬褒章」授章。

【長沢（司会）】２００９年のオバマ大統領就任式でミッシェル夫人が着用したカーディガンに世界最細といわれるニット糸が使用されたことで有名になりました佐藤繊維株式会社の佐藤正樹社長を、本日は山形県寒河江《さがえ》市よりお迎えしております。

皆さんは佐藤社長の銀髪に驚いているかもしれませんが、目立つことが重要だというお話も出てくると思います。早速ですが、佐藤社長、お願いします。（拍手）

【佐藤】皆さま、こんばんは。ただ今紹介いただきました、佐藤繊維の佐藤と申します。私、山形で糸を作っている会社、ニットの会社、製造している会社で代表をやっています。私自身、うちの会社に戻って、家業を継いだのは今から25年前なのですけれども、うちの会社自体は95年ぐらい前に山形で糸づくりを始めた会社で、今、私で4代目になります。

私どものような繊維産業というのは、日本の経済が成長する中でも高度経済成長が始まった時点では一番の花形産業で、本当に景気のいい時代、すごく成長する時代がありました。その後、成熟期があって、で、私の代になって、つまり私が継いだときに衰退期というような形の中で、１００年近く経営をやってきております。

私の会社は、今でこそいろんなテレビとかメディアとかで取り上げていただいて、山形で何かすごく変わった糸を作っている、面白い糸を作って、また自社ブランドを作って世界にいろいろ展開をしながら、世界のラグジュアリーブランドと取り組みをしているとテレビでも報じていただいております。またテレビ以外でも、すごく変わった糸を作っているということで、いろんなところで取り上げていただいています。

家業を継いで25年

今現在、私ども、変わった糸を作ってはいるんですけれども、実は私が戻ったとき、うちの会社というのは下請けの会社で、すごく小さい会社でした。紡績としても無名な小さい紡績でしたし、ニット工場としても、山形でも本当に小さい会社でした。作っているものも、機械も、設備も、技術力も、本当に特別なものを作れるような会社ではなくて、糸にしても安物、安いレギュラーの糸を作っていましたし、セーターもどちらかというと量販向けの安物の糸を使って、安くて量を作るという、そんなものづくりをしていました。

そんな環境の中で、山形に帰って家業を継いでいるのですけれども、私が山形に戻った当時は、日本のニットの生産というのは、日本のマーケットの35％ぐらいが国内生産、残

写真１　司会者（長沢）と銀髪の佐藤正樹社長

りの65％ぐらいがブランドものなど欧米からの輸入。あとは新興国からの安物の輸入というようなことで、国内生産は非常に高いウエートでものづくりをしていました。

これが、今から10年ぐらい前から極端に小さくなったのです。今現在、日本で売られているセーターの約99・５％が輸入品です。国内で作っているのは０・５％です。さらにその約70％、日本で作っている０・５％の70％が輸入糸です。ということは、ほとんど全部海外。つまり、日本で売られているセーターで、日本で糸、染色、繊維も作っている〝Made in Japan〟というのは０・１％ぐらいしかないというような状態です。

この25年の間にこれだけの勢いで日本の生

産が少なくなってしまった中で、私どものような特殊技術もない、特殊なものも作れない、設備ももちろん何もない、どこにでもある一番つまらない設備しかないような、しかも山形の会社で知名度もない、お金もないという会社が、何で今も日本で生き残っているかということです。25年、ともかくいろんなビジネス、ものづくり、あとはプロモーションも含めていろんなことをやってきました。今日は、私がやってきた、なぜこの産業で生き残ったかということを中心に話をしていきたいと思います。

ものを作る環境を作る、人の心を変える

今日は大きく3つぐらいのことをお話ししたいなと思っております。

1つ目は、海外では安いものが一番に決まっていますので、海外と差別化したもの、どういうような商品を作って彼らと戦うか、どういうものでビジネスをするかということで、まずものづくりを変えなくちゃいけなかったんです。それは人においても、素材においても、ビジネス、製品においても。いろんな開発をしながら、ものづくりを変えていいっ

て戦ってきたのです。

そのものづくりですね。日本のものづくりって、技術とか、機械開発とか、ノウハウとか、プログラムとか、ソフトとか、もちろんそれが一番大事ですし、そういうところに目がいきがちです。しかし、実は私が一番苦しんだのは、ものを作ることではなくて、ものを作る環境を作ることが一番辛かったのです。

というのは、昔からいい時代、何もしなくても注文がきて、何もしなくても工場の仕事がある、需要がある、つまり需要と供給のバランスがとれている時代の中でものづくりをしてきた人にしてみれば、要は需給バランスが崩れて、売ろうと思っても、デフレになってくるというような環境というのは経験したことがないわけですね。

そういう経験をしたことのない人間が、今までと同じことをやってきた人たちが、新しいものを開発したり、新しいビジネスとして新しい行動を起こしたりするということは非常に難しいのです。正直なところ、私が山形に帰ったときに、うちの会社に昔からいる社員は全く動かないし、まずやる気がないというか。そういう環境の中で、彼らの心を変えるために、人の心を変えることに、一番エネルギーを使いました。もっともみんな本当に変わったかというと、今でもまだ変わっていないので戦っているところですけれども。私がやってきたことを含めて、ものづくりの話を説明したいと思います。

中小企業だからできるプロモーション

2つ目は、日本人というのは本当にまじめで、よそに負けない良いものを作る、結構まじめにものづくりの態度を持っていて、いろいろなものを作る。自分でそういう自信があるんです、作っているものに対して。絶対これを曲げない。世界で誰も作っていない、マーケティングでもそう言っていますので、誰も作っていない良いものを作っている、良いものを安く作れば売れると思っているんですけれども、ある時、それは嘘だということに気がついたんですね。どんなに良いものを作っても、高く売れるかとか、たくさん売れるかというと、決してそんなことはない。私が思ってきたものづくりをちゃんとやって、良いものを安く作れば売れると思ったが嘘だということに気がついて。そこから自分の商品をどうやって売るか、自分が良いと思っていることを知ってもらわない限りは売れないのだと。

じゃあ、どうやってプロモーションするか。たとえばファッション業界ですと、ユニクロさんであれば、GUというブランドを初め出したとき、山形にもGUができましたが、誰も人が入っていなかったです。車の駐車場、誰も来ていなかった。それが、きゃりーぱみゅぱみゅと前田敦子を使った瞬間に、駐車場に入れないぐらいの人だかりになって、売れまくりました。上場企業のビジネスの一番王道なビジネスですね。タレントを使って上場企業はプロモーションできるわけです。それでは私たちのような中小企業はそんなことができるかというと、できないですね。お金もないですし。

ただ、私たちができるPRというのは何なのかと私も自分自身の中で考えて、私ができるPRということを自分の中で考えて、今、いろんな形で世界中の人に認知されるようになりました。その辺のPR、実際私が苦しんだところ、自分がやってきたことをお話ししたいと思います。テレビでは成功したところだけ流すので、何となく最初からすごく軽くビジネスができたように見えるのですけれども、実はかなり泥臭いことを私はやっています。特に、どちらかというと失敗の話です。私はあまり予習をせずにすぐアクションを起こしてしまうタイプなのですけれども、ただ、復習はよくしました。なぜ失敗したかよく考えながらやってきたので、いろいろ進化しながら今に至るのです。そこで、今日は、私のような中小企業ができた、中小企業だからできるPRというようなところを後ほどお話ししたいと思います。

世界で必要とされるビジネスをどうやって作るか

そして、3つ目なんですが、私の会社というのは地方にあって、今、地方の置かれた環境、これは日本で非常に大きな問題になっています。優秀な人材はどんどん東京に行きますし、また、どんどん過疎化が進んで、特に昔は家族で生活していたのがどんどん核家族になってきて、共働きで子どもがなかなかつくれなくなっています。こういった環境の中で、要はどんどん人口が減って、若い人がいなくなって、製造業は就業率がどんどん減って、私たちのような中小企業に人が集まらないようになってきた。

そんな時代の中で、ものを作る産業がどんどんどんどん日本で衰退する中で、私も山形で生きて、私は山形が大好きなものですから、山形でビジネスをしていて、山形だからできることとか、私が今までやってきた環境って、どちらかというと全部追い風じゃない環境でやってきているのです。日本も追い風じゃないですけれども、そんな流れの中で、逆にそれがすごく長所になる部分がたくさんあるんじゃないかなと思うのです。つまり、これからの地方であったり、また、これからの中小企業であったり、これからの製造業であったり、そういうものがどういうビジネスをするのか。

もう一つ大きい分野で考えると、これからの日本というところも含めることを私は意識しているのですけれども、世界の勝ち組を追いかけたところで、やっぱり勝てないのです。私もアメリカ人とビジネスしていてすごく感じるのですが、ユダヤ人には勝てないですね（笑）。レベルが違い過ぎて、すべてにおいて、お金も何もかも根本的に勝てないなと思います。でも、戦うんじゃなくて、彼らができないこと、彼らに必要とされるビジネスをどうやって作るかというところが、私もこのごろ大事だと思うようになりました。

あと、華僑もそうですね。もう勝てないですね（笑）。組織力もそうだし。けれども、華僑の人たちができないこと、それは大きいマーケットじゃなくて、もしかしたらすごく小さいマーケットかもしれないですけれども、その中でどういうふうに必要とされるかということです。彼らの下で仕事をするのではない、彼らに必要とされるものということを考えたときに、どういうビジネスができるかということが、すごく大事な時代かなというようなことを考えます。

そんなことで、今日、約1時間、と言いながら1時間半ぐらいになったりするるときがあるんですけれども、できるだけコンパクトにまとめてお話ししたいと思います。よろしくお願いします。

良き時代

先ほどお話ししたように、山形で糸づくりをしている会社です。簡単に紹介しますと、私どもの会社は珍しくて、当時、糸を作っている会社はたくさんあって、ウールの紡績を始めたのはうちなんかはかなり遅いのです。日本でウールを始めたのが明治20年代に国営の紡績が始まったわけなんですけれども、うちの会社は昭和になってからスタートします。私で4代目です。

ただ、1つだけうちは他と違う特徴があります。イギリスの産業革命が250年前に始まって、最初から日本に入ってきたのです。イギリスのものづくり、機械化された産業も最初から入ってきたので、日本では繊維産業が最初から機械化工業としてスタートしました。私の会社はもともと山形で、養蚕農家でした。特に東北の農家というのは養蚕農家が多かったんですね。

それがシルクが売れなくなって、輸出も止まって、売り先がなくなったときに、うちの先代が、シルクを作っても売れないし何をしようかとなったときに、今は洋服の時代だからウールだと。ところが、ウールも愛知県の相当大きいブランド（編注：尾州毛織）でものづくりされている中で、私たちが参入できるところがないと。ただ、洋服には織物ともう一つ、編み物があるということで、その編み物だったらということになりました。

編み物ということは、当時は全部お母さんが家庭で子どもや旦那さんに手編みするしかなかったものですから、セーターなんていう形で売られるようになったのはほんのこの頃です。50年、60年ぐらい前に始まったものですから、みんな最初は編み物を家庭でやっていたので、手編み毛糸だったんですね。手編み毛糸というのは、すごく立派な機械がなくてもできる。機械で織物を作ろうと思ったらきれいな糸じゃないと作れないのですけれども、ニットの手編みだと手で編むので、結構ラフに太かったり細かったりしても許されるのです。そんなことで、手編み用の糸であれば機械がなくても作れる。手紡ぎで作れると

写真２　佐藤繊維本社（右の建物）とセレクトショップGEA

いうことで、山形で手紡ぎ糸を作ろうと初代は考えました。

ただ、実は日本は明治時代に大隈重信とか伊藤博文とかが国策でイギリスへ行って、ウールの存在を知って、これはウールを作らないと勝てないと気づいたのです。ウールってすごいです。ウールの話をすると長くなるのでやめますが、ウールを作らなきゃいけないと。でも、日本でウールを作ろうと思ったら、羊ってすごく草を食べるものですから、牧場がなくて日本でウールを育てることが無理だって、諦めたのです。それで、外国から輸入したのです。

そんな日本で、私の先代がウールを作ろうと思っても、牧場がないわけですね。糸を紡ごうにも原料を外国から持ってきても、港で積むことができない。寒河江は山に囲まれて、新幹線もなければ交通もないわけですから、どうしようかと。それで私の先代たちが考えたのは、東北の農家はみんなお米を作っていますので、各家庭に藁がいっぱいある。その藁を食わせて、各農家に1頭ずつ羊を飼ってもらおうということで、山形、福島、秋田、岩手、一部青森あたりの農家に羊を飼ってもらえるようにお願いしました。1軒の農家に1頭だったり、大きい農家には2頭だったり…。

当時ウールというのはすごく高価なものだったので、彼らの刈り取った羊をうちに持ってきてもらって、うちで紡いだ糸と交換をして、交換しながら、それからウールで編み物をするということで、羊を飼うところから始めました。うちでもかなり羊を飼っていたのですけれども、一番最初は手紡ぎで糸づくりを始めました。その後、2代目の私の祖父が、手で紡いでいるようじゃとても需要に対して間に合わない、原料も間に合わないということで、こんな田舎で作っている量では足りないということで、外国から原料を輸入して、それで工業的に糸を作ろうということで糸づくりを始めました。工業的な紡績業ですね。

その後、手芸糸として昔は販売して、当時、女性が家で編み物をしたりしていたんですけれども、どんどん女性が社会進出するようになりまして、手編みなんかしている場合ではなくなったわけです。一般的にマーケットでは、原料を売るというか、糸を売るのでは

写真３、４　自社ブランド「M.&KYOKO」の2018年秋冬コレクション

なくて、製品としてのセーターとして販売されるように、世の中のマーケットが変わっていくのですけれども、そのときにニット製造を始めるわけです。これからは糸だけじゃなくて最終商品まで作ろうということで、うちの父がニットの製造業を始めました。

そういうタイミングで、私が25年前に山形に戻って、家業を継ぎました。私が山形に戻った25年前というのは、山形のニットの生産量は農業を超えて、ニットの製造量、生産量が一番ピークの年に私は山形に帰りました。当時、山形のニット組合の数が４５０社ぐらいありました。今現在23社。この23社も当時の約３分の１以下の規模になっています。ですから規模は60分の１ぐらいですね。さっきお話ししたように、国内生産が35％から０・５％になっていますので、規模も小さくなっているわけです。

そんな状態で、当時はすごく華やかな時代だったのです。私、このときに、毎日毎日、父親を見ながら、「ああ、繊維産業というのは、ゴルフをするのとお酒を飲むのが仕事なんだな」と思って（笑）。8歳の子どものときに父親から「お前はゴルフをやれ。ジャック・ニクラウスは9歳からだから、今からやれば、お前も世界に通用する」とか言われて、ゴルフをやらされました（笑）。センスがなくて頓挫しましたが。そんな華やかな時代だったわけです。ところが今現在、そんな環境とは全く変わって、必死にやっていかないと生き残れない時代になりました。

海外に移っていった時代

数ある産業の中でも私たちの産業は、イギリスにしても、フランスにしても、イタリアにしても、アメリカにしても、繊維からスタートして、一番最初に捨てられる産業ですね。繊維というのは労働集約型で、製品のコスト、原価の中で人件費の比率が一番高い商品なものですから。特に繊維製品の中でも、人件費比率が一番高いのがニットなんです。

というのは、縫製というのは生地を買ってきて縫製するので、安い生地を買ってきて縫製する分にはそんなに差はないのですけれども、ニットというのは糸を買ってきて編む、染色して編んで、リンキング（編注：ニット特有の縫製方法）して縫製して仕上げをするので、加工賃が掛かります。上代は今だとだいたい原価の4倍ぐらいですね。上代の25％ぐらいが一般的にニットの製品の原価といわれています。だいたい4000円の原価のセーターならば上代1万6000円ぐらいというわけです。その4000円のうちの75％ぐらいが人件費、加工賃になります。残り25％、1000円がだいたい原材料費。

当時、一気に生産の現場が海外に移った時代。その当時、中国の賃金というのは、都市部で日本の10分の1、ちょっと外れると20分の1というような時代だったので、日本で作っているセーターと全く同じものを中国に持っていって作らせるといくらでできるかというと、3000円の加工賃が150円でできるわけです。1000円の原材料、紡績工賃、染色工賃、安いのでだいたい500円ぐらい。今まで4000円だったものが650円とか700円ぐらいでできちゃうわけです。700円だとしても、4倍というのは上代2900円で十分余っちゃう。3000円で売ったら、ぼろ儲けということなんですね。

そんなことで、ニットにおいては、中国で作ると儲かるとわかった途端に、日本中の商社が中国に進出して、生産体制を整えて、日本のアパレルはどんどんどん中国に移していきました。昨日まで1万6000円だったものが今日から2900円になるわけですから。おまけに利益率もいいわけですから。そこで、昔、ニットというのはすごく高級なものだったのが、一気に安いものに変わってしまったのです。それで、海外へどんどん移されて、うちの会社も仕事をどんどん海外へ移されて、あっという間に日本のマーケットは中国製品に変わってきました。

ちょうどそのとき、うちの会社というのは大手何社かと付き合っていました。そこで一番うちがメーンでやっている、すごく有名なニットアパレルさんに、ある日、取引メーカーがみんな呼ばれたのです。呼ばれて行って、広いところに集められまして、「これから皆さんに話がある」と言われました。何の話かというと、そこの会社は比較的、国内生産比率が高かったのですけれども、「周りがとてつもなく安くなっている。うちも周りの会社と競争しなくちゃいけないので、海外生産を始めます」と言われました。

「海外生産をするに当たって、中国で作れるものは今後、中国で作らないと競争力がない。そこで、中国で作れるものは中国で作る。今まで作ってきたものを、皆さんに仕事を出せなくなる。そこで、皆さんにお願いしたいのは、中国と差別化したもの、中国で作れない、日本じゃないと作れないようなものを開発して提案してください」ということを言われました。

当然ですね。私もアパレルをやっていたら同じことを考えると思います。

売れる柄を作ったが……

そんなことを言われたものですから、どうしようかということで、私も考えました。当時、日本の機械メーカーさん、いわゆるニットの編み方を作る機械や生地を作る機械のメーカーが最新のコンピュータの機械を出しました。そこで、編み方のコンピュータの機械を使っていろんな柄を入れたい、コンピュータだからできる編地を創りたいという想いがあったわけです。

それで私は、島精機という会社なんですけれども、そこの会社に研修に行きまして、いろんなプログラムを見て、プログラムを入れました。私もアパレルの、ファッションの学校へ行っていたものですから、結構ものづくりをするのが好きなので、自分でいろいろプログラムを作って、いろんなものを開発しました。いざやると意外に面白い。コンピュータの特徴を生かしたのを考えると、いろいろあるんですね。結構面白い柄をいろいろ作りまして、アパレルさんに見せたところ、非常に気に入ってもらったのです。展示会で。そして、それが爆発的に売れました。

そのとき思いました。ちょうど今から25年前というのは、本当に日本のコンピュータが変わっていく時代だったと思うのですが、これからはコンピュータの時代だと。今までのように汗をかくのではなくて、プログラムの時代だなと思いながら、私自身、自分でプログラムしながら、ものづくりしていこうというような想いを持って作ったわけです。

次の展示会に向けていろんなものを開発して、新しい編地を持って、アパレルさんに行ったのです。そうしたら、アパレルさんに言われたのです。「あっ、佐藤さん、前回のこのタイプ、今回はもういいわ」「佐藤さん、提案しなくていい、やらなくていいです」と言う。「ええっ？　どうしてですか、あれだけ前回売れたのに」って。「これはもうやめようかと思って、今回やらない予定だからやらなくていい」と言われたんです。

「やらなくていいって、あんなに売れたのにな」と思いながら、おかしいなと思いながらも、「わかりました、違うのを考えます」ということで、次回のを考えて出したんです。

あまりにも前のやつが出来が良かったから、なかなかそれだけのものが出来上がらなかったのですけれども、自分なりにまた考えて持って行って、展示会にかけてもらったんです。

次の展示会に、私も行きました。展示会に行くと、一番売れるブランドが一番前に商品を飾るわけです。このシーズンで一番というのを。そこにそのブランドの一番の「売り」が飾ってあるわけです。前回は私の商品が飾ってあったわけです。今回行ったところ、びっくりした。「あれっ？」って。前回、私が作ったのとほぼ同じものが飾ってあるわけです。でも、私は作ってない。「俺、作ってないのに何でだろう。俺が作った、開発した商品が何でここに飾ってあるんだろう」と。

僕はそのアパレルに訊いたんです。「あれっ？　これ、うちのやつ？　でも、私、作っていないんですけど」って言ったら、「ああ、これ、あるメーカーさんが提案してくれて、持ってきてくれたんだ」と言うんです。値段を見たら、私のところよりも3割ぐらい安いんですね。すぐわかりました。前回、私のところはたまたま売れたのですけれども、他社は売れなかった、もしくは没になったものがいっぱいあったわけです。中国の工場で作った糸です。作ったのは前回外れた大手でした。うちは中小なので、設備の関係上どうしてもあまり安くもできないですが、大手は値段も下げられたわけです。

特に私自身、プログラムして面白いものを開発していますが、前回言われたのです。「佐藤さん、もう少し安い値段で作るとすげえ売れるんだけど」って言われたんですけれども、思いました。ちゃんと開発してプログラムして、要は安い賃金、安い工賃じゃなくて、ちゃんと価格保証するようなビジネスをしなきゃ。そこで「これは機械を潰しながら開発しているのだから高いんだと思って、許してください、うちはこの値段になります」ということで話したわけです。

もうそれだけでそのときは終わったのです。しかし、売れていないメーカーさんが前回展示会に来たときに、「売れているのは何ですか。ああ、佐藤繊維。これが売れているのですか」と。そうしたら「これが、3割安い値段だったら、倍ぐらい売れるんだけど」と言われて即、「うち、できますよ。安くすぐできるんで。うちできますよ」と言ったに違いありません。同じものを作れるわけです。みんな同じコンピュータ使っていますので、全部日本人は持っていますので、そういう意味で同じものが作れるわけです。怖いのはそういうところですよね。

同じものを作られて、一気にそれが真似されちゃう。俺が開発しようが誰が開発しようが、ファッションに特許ってないものですから、結局それが使われちゃうわけです。ショックでしたね。どんな良いものを開発しても、安く作れるところに全部取られるわけですから。「それはないでしょう」と思いながら。

イタリアのニットに衝撃を受け、オリジナルを目指す

そのときに、どうしようかなと思いながらも、次はどうすればいいか、やる気がなくなっちゃって、どうしようかなと思いながら、街中をずっとリサーチしながら見ていました。あるお店を見ていたら、イタリアのブランドだったんですけれども、すごく面白いニットがありました。高かったんですが、その商品を買ってみたのです。何が面白かったかというと、今まで見たことがないようなすごい面白い糸で作られたセーターだったんですね。そのセーターを持って帰って、うちの工場のスタッフに聞きました。

「これ、ちょっと見て。すごく面白い糸なんだけど、これはうちで作れないかな」と。うちのスタッフは、「こんなの作れるはずないでしょう。日本でこんなの見たことない。イタリア製でしょう。日本で見たことある？　日本で見たことないということは日本で作

れないってことでしょう」と。「ああ、そうか」とか言いながら、そうなんだなと思って諦める。自分でも山形の糸屋さんに、「これを買いたいんだけど、どこから買えばいいのかな」って訊いても知らないです。イタリアの糸なんか。

東京にあの糸を扱うような会社はないかなといろいろ調べて、見つけ出して、その店に行って、「こういうのを買いたいんだけど、買うことができるかな、ヨーロッパの糸」。そうしたら、そのメーカーさんが見て、「これはたぶん、あそこの糸だ」とすぐ問い合わせをしてくれました。当時インターネットはなかったので、手紙とか電話でやり取りしてくれて。2、3週間後に見本帳が届いたんです。衝撃的でした。見本帳を見たら。今まで見たことがない、すごい糸がいっぱい並んでいたわけです。「すごいな、イタリア」と思って。これはどうやって作るんだ。実際にこれを見て、うちの社員に「作れるか」と訊いたら、「思いつかない、わからない」。すごいなと思いながら。さっそく何点かピックアップして、糸を購入しました。

かなり高かったんですけれども、その糸を使って、セーターを作ってみました。かなり高いので、その糸をいっぱい使うと高くなるもんですから、ベースは安い糸を使って、その上に少しだけその高い糸を入れるのですが、そのときに、コンピュータに特殊な柄を入れれながら、コンピュータと特殊な糸を交ぜて編地を作って、柄を作って、編地を作ったところ、非常に面白いものができました。すぐ持って行ったら、やっぱり大好評で売れました。めちゃめちゃ売れました。「値段は高くても、これが日本で作るもの。まさにこういうもんだよ」と褒められました。

これからこういう方向で行こうと思って、私は世界中から糸を集めて、プログラムしていました。展示会が終わって1カ月弱して、そのアパレルさんから電話が来ました。「佐藤さん、すごい。あの後、展示会が終わった後、営業に行っても大反響だった」と言われたんです。人間、褒められると、うれしいですね。「佐藤さん、すごいよ」「ああ、そうですか」と。「まさに私たちが言っていた日本のものづくりとはあれだ」みたいな。「ありがとうございます」。「どうやってあんな太い糸と細い糸が合わさったのが作れるの」みたいなことで、いろいろ褒められるわけです。どんどんどんどん調子に乗って、延々とさんざんしゃべって15分ぐらいしたら、「ところで佐藤さん、今回のあそこに使っていた糸って、あれはどこの糸なの?」って訊かれたんですね。

「ああ、あの糸ですか、あの糸は」って、危うく言いそうになっちゃいましたが、ハッと我に戻って、危ない危ない（笑）。もしこの糸の出どころを教えちゃったら、来月の展示会がどうなるかわかるわけですね。危ない危ないと思って、言ったんです。「すみません、これは製品で買っていただきたいんです。ちょっとその糸の情報はお教えすることはできません」と言ったら、豹変ですね。今まで私のことを褒め続けていて機嫌が良かったのが、「何を言ってるんだ。私は自分のブランドが何を使っているか、どんな糸を使っているか、どこの糸を使っているか、それを知る義務がある」と。

これは、うちでいろんなノウハウを持って、世界中の糸を探したりしているものですから、「編地として、商品として、ちゃんとお教えします。どういう物性のものなのかもお教えしますので、商品として買っていただきたい」と。それからいろいろとやり取りがあって、ぐずぐず文句言われながら、絶対これは教えるわけにはいかないということで、諦めて商品を買ってもらうようにしたのです。

これにより、私は、ちゃんと自分の会社のブラックボックス、佐藤繊維のノウハウというものを蓄積していかなきゃ駄目だということに気がつきました。それからはいろんなところの情報を、いろんなものを集めてきては、自分のところのオリジナルのものづくりというのをしてきました。それで、面白い編地を作る佐藤繊維というように変わっていったんですね。私のところで作っている商品が、トレンド商品か、流行の商品かといえば、全然流行の商品じゃないです。流行の商品はみんな中国で安く作りますので、それは大手の商社さんにお任せして、私の得意分野で戦おうと思ったんですね。

真似されて怒る自分が真似をしようとしていた

そんなふうにして、いろんな糸を世界中から使っていたら、ある日、イタリアの糸メーカーから連絡が来ました。「佐藤さんはいつもうちの糸を使ってくれる。日本で使ってくれる人はいなかったけれども、毎回ずっと継続的に使ってくれる。私たちにとってみれば非常にうれしいことで、そういうパートナーって大事だ。もしよかったら、イタリアでうちの展示会があるので、来ないか」というわけです。「いやいや、展示会のためにわざわざ行くほど、私たち工場はお金を持っていないので行けません、ゆとりもないので」と。そうしたら「せっかく来るなら、展示会に来たついでにうちの工場、いろんな工場があるので、工場も見に来ないか」と。

そのとき、びくっときたわけです。待てよと。私も糸のプロですから、作っている工場を見れば、ここにある糸はどうやって作るか全部わかるわけです。もちろん相手の紡績会社は、私の会社はニットを作る会社だって、海外から糸を買ってニットを作っていますので、ニット工場だと思っているわけです。だけど、実は糸も作っているわけですね。知らないわけです、向こうは。そこで、ふと思ったのです。それを見るとイタリアのノウハウがわかる、見ることができる、知ることができる。うちの父親に頼んで、「何とか行かせてくれ、イタリアに行かせてくれ」と。

「お前、そんなこと言っている場合じゃねえだろう」と、散々文句言われた。当時、バブル時代ではありましたけれど、ニット工場でイタリアに行く工場といったら、バブル前に少しありましたが、そんな会社はなかったのです。私の周りのアパレルさんが、シーズン前にイタリアとかへ行ってリサーチしてきて、うちに来ていろいろ資料を見せてくれるので、イタリアの素材事情は知っているのです。

なぜかというと、毎年イタリアの、日本の大手のアパレル商社、有名ブランドのデザイナー、みんなその展示会に行って、ヨーロッパのトレンドの写真を撮ってきて、私のところに来て見せるわけです。来年のトレンドはこういうトレンドだから、こういう糸を作ってくれと。私たちは工場だから、お客さんに言われたものを作るわけです。基本的にはアパレルであれ商社であれ、自分の原料を買ってくれるお客さんに言われたものを作るのが私たち繊維メーカー、原料メーカーの仕事なんですね。だから、彼らが毎年その情報を持ってきて、私たちに見せてくれるわけです。

そのときに見せてくれる資料がイタリアの素材展の写真なのです。だから、その展示会はもちろん知っているわけです。みんなそこに行くわけですから、あそこから情報が発信されるのだなということも知っていました。私ももちろんそんなところに行ってみたいなと思っていましたけれども、とても田舎のメーカーがそんなところに行けるはずがないと思っていました。ところが、そこに行くチャンスだ。何としても行きたいということで、父親に話をして、父親にイタリアの糸を見せたんですね。「この糸を作っている工場が、工場を見せてくれる。こんなチャンス、二度とないから、頼む。行かせてくれ」ということで、行かせてもらったんです。

それで、イタリアへ行ってきました。初めてのヨーロッパ。私はバリ島に一回行ったことがありましたけれども、ヨーロッパは行ったことなかったものですから、12時間、飛行機に乗ったら、ワインは飲み放題。すげえな、これと。ワインを何杯も何杯も飲んで、着くころにはもうべろべろに酔っぱらっていました（笑）。で、イタリアへ行ってその工場に行ったわけです。いよいよそのイタリアの紡績を見たわけですね。実は私の人生で1回目のターニングポイントになるわけです。

紡績に行って、工場を見たのですけれども、目の前で作っていました。私がずっと疑問に思っていた糸を。見ると、コロンブスの卵と一緒で、見ちゃえば、いろんなベースになっている機械はうちにある機械と同じものですから、それを改良して改良して、そういう部品を取り付けて作って。見たら、「なるほど、こうするとできるわ、確かに」と思いました。イタリアの機械メーカーはすごいなと。こんなものを開発するんだと。

それを頭に入れて、ここでメモするわけにはいかないなと思い、それを覚えておいて。だいたい長さはと自分で見て、これが25センチだからこのぐらいだな、みたいなことを見ながら、その機械を見て。また隣の機械を見ると、隣はまた違う糸を作っているわけです。また違う改良をしているわけです。輸入された糸は日本で見ていたのですけれども、衝撃ですね。イタリアってすげえと思いながら。

何台かそれを見ていくうちに、これらを全部覚えておいて、後ですぐに図面にしなきゃと思って。うちに持ち帰れば作れる、同じものが作れるかもしれないと。特に気に入っている糸を作っている機械もあったのですね。そういう糸の作り方がわかっちゃったわけですから。見学していたら、「佐藤さん、工場長が来ました」と。向こうから工場長が来たら、逆光で、光を背にして現れましたから。今日も先ほど、早稲田大学の中央の大隈老候銅像が、ちょうど後ろから夕陽が射していて、後光が射すようでした。だからすごいオーラを感じるのか、そんな感じだったんです。

向こうから工場長が現れて、目の前に来たら、工場の中でサングラスをかけて、ピンクのシャツを着て赤いパンツをはいて、おしゃれなベルトと靴を履いて。この辺から胸毛が（笑）。「おお、よく来たな」と。日本の工場長って、皆さんもイメージするとわかるように、きちんと、やっぱり品質管理をしっかりしている責任者です。だいたいブルーカラーのきちっとした作業服を着て、「いらっしゃいませ」と、そういう感じじゃないですか。もう全然違います。何で工場の中でサングラスが必要なんだと（笑）、そんなのが現れて、「よう、よく来たな」という感じで。もちろんイタリア語ですから、通訳を介してですが。

それで、彼は話し始めるわけです。自分の作っているものの自慢を語り始めたんですね、私に。「世界のファッションを俺たちがここでつくっているんだ」と。私は、「このおじさんは調子に乗り過ぎだって。何を言っているんだ。あなたは糸を作る工場長でしょう。俺が世界のファッションのもとをつくっているんだ？　何を言っているんだ。糸を作るのは人に言われているもの、こんなものを作ってくれと言われて作るのが糸でしょう」と。「これを見てみろ、ここでこうやって、またここで撚《よ》りをかけながら、だから、この綿に少し撚りをかけながらすごく軽くできる。触ったときにすごく感じが良い。触って見てみろ」と。「ああ、本当だ。こうすることによって、こういうことができているんだ」と。何と彼は作り方まで私に教えてくれるわけです。熱く語るわけです。止まらないんです。ずっといろいろしゃべっているわけです。たいていイタリア人はおしゃべりなので、ばあっとしゃべっているのを聞きながら。ただ、聞いているうちに、あれ？　と思うようになりまして。何か違うぞと。何が違うかというと、この機械を考えたのはこいつだとわかったのですね。

作ったのは機械メーカーだけれども、考えたのはこいつだと。ここをこうすることによって、部品の特性とかちょっとした曲げとか、そんなことをしゃべるわけです。ここでこうすることによって、こうなるんだと。要は自分で考えたものを機械メーカーさんに造らせる。だから、作っているもの自体が、誰かに言われてものを作っているんじゃなくて、すべて自分で考えて、自分で機械を改造して、自分で部品を頼んで、自分の作りたいものを作っているわけです。ということは、自分がマーケットもリサーチして、そこから自分で新しいファッション、まさに彼が言う「自分がファッションのもとをつくる」という意識を持って作っている。聞いているうちに、第一印象とは反対に、彼がめちゃめちゃ格好よく見えてきたんですね。

もう一つ、ものづくりをしている人間として、あれだけ熱く語られて、私が30歳をちょっと過ぎた頃です、33歳ぐらいのときかな。彼は50歳、今の私ぐらいだと思うんですけれども、目を輝かせて、少年のように私に熱く語っているわけです。私は何をしにここへ来ているかというと、セーター屋のふりして、彼の技術を盗もうとして来ているわけですから。彼は純粋に自分の作ったものを熱く目を輝かせて語る。彼の話を私は聞いているわけです。それを盗もうとしている嫌な私なわけです。何か胸が苦しくなってきて。彼はすごく格好いいのに、自分が最高にダサいなと思って。

ちょっと前、私が作った商品を隣のメーカーが真似をして作ったことに対してめちゃめちゃ文句を言っていた私が、今、同じことをしているわけです。奴よりひどいです。セーター屋のふりして糸を盗もうと、技術を盗もうとしているわけですから。その技術を盗んで、同じようなものを自分で作ろうと思っているわけです。なので、いろんなことを知って、うれしいんですけれども、胸がすごい苦しくなってしまいました。私が苦しくなっているのに、また目を輝かせて彼は俺にしゃべるわけです。滅入った気分になってきたんですね。

帰った後、気持ちよくワインが飲めずに、また次の日、噂の展示会に行きました。すごかったです。私たちの繊維の展示会だと東京ビッグサイトとかへ行って、白い、施工業者が作ったブースの中にいろんな自分のところで作った商品を並べて。だいたいそこに並べる商品って、「去年のうちの商品の中で売れているものですよ、これはうちで作っていますよ」みたいなものを並べるわけです。とりあえず全部自分たちでデザインして、糸の展示会というのは糸を見せる場なのに、私たちは、「この糸で作るとこうなります、これは売れそうでしょう?」という、商売になるような商品を並べています。

ところが、彼らは全然違う。糸を見せるのに、まずイタリア中のいろんなワインボトルに糸を巻き付けて、いろんな色、いろんなグラデーションの色を巻き付けて飾ったりしているわけです。糸だけど、アートですよね。楽しくなってくる。「こんな糸か、こういう糸なんだ」みたいな、見ているだけで楽しくなって、わくわくして。編地もいっぱいあります。片やこっちのブースでは、丸太の上に糸を山のようにドサッと置いている。このような状態にして置いてあると、すごくナチュラル、自然の中で。

写真５　佐藤社長の熱い講演が続く

糸を見せるのですが、自分のコンセプトで、自分のイメージを伝えているわけです。こっちでは光を当てて、きれいにガラスの上で光を当てたりとかして。編地作って、ここにある編地も、ただベースの編地を作るのではなくて、芸術作品みたいな、この編地一点作るのに何万円かかるの？　何カ月かかるの？　何週間かかるの？　というような凝った編地を。商売にならないです、そういうものは。ただ見るだけ。だけれども面白いんですよ。すごくわくわくしてくるような、そんなのがいっぱい飾ってある。セーターも置いてある。一着のセーターに30種類ぐらい糸を使っている。工業的に作れないです、そんなの。世界中のデザイナーが初めて見る世界ですよ。

紡績工場自体は会社なんていっぱいありますから競争しているんですけれども、彼らは自分ができることをいろんな演出をしているわけです。糸の展示会、ピッティ・フィラティ・イマジネーション展（PITTI IMMAGINE FILATI）です。糸を作る人間として、何もないところから糸を作り出して、色を自分で付けて、いろんな編地にして、いろんな可能性、これを作ってこれを作るなんて、糸の可能性をいろんな演出して見せてくれるんです。「俺たち、糸を作っていろんな可能性、いろんな面白さ、糸の面白さを引き出しているんだ、俺の糸の個性とか面白さ、イメージみたいなものはこうだ、俺のやる仕事はここまでだ。あとここから先、ものづくり、自分のブランドのイメージに合ったものを作るのはあんたら、デザイナーの仕事。俺の仕事、俺のやれる仕事はやってるよ」ということなわけです。

日本のように、言われたものをやって、注文くださいとは違うわけです。何もないところからものを生み出しているのです、彼らは。ものすごくショックでしたね。絶対日本は追いつけないなと思いました。写真撮っていいからと言われたので、一生懸命、写真を撮りまくって。面白い編地のところは人だかりなわけです。プレスのところ、人だかり。後ろからの人たちとぶつかるわけですね。「エクスキューズ・ミー（Excuse me）」とか、「ミ・

スクーズィ（Mi Scusi, イタリア語：ごめんなさい）」とか言って、写真を撮っているのはみんな日本人なのです。まさに日本の商社とアパレルとデザイナーさんが、みんな写真を撮っているわけです。

ふと見たら、いつもうちに来て、「佐藤さん、来年のトレンドだから、これを作りなさい」と私に言う人が、ここで写真を撮っているわけです。ただリサーチしてきて、それを私に言っているわけです。そのとき思いました。そのときの、今もそうなんですけれども、実際、日本のニットファッションというのはほとんどヨーロッパを追いかけて、日本から生まれたものというのはほとんどないのです。今でもほとんどないです。一部のクリエーターたちが面白いものを作ったりとかはありますけれども、業界自体がそういう傾向ではありません。

そのときに思いました。日本のニット産業、今なくなることはないだろうとみんな思っているけれど、いずれはなくなるだろうって。だって、中国から安いものがどんどんどんどん入ってくる。イタリアの糸が中国に入ってくる。さっきお話ししたような状況なので、どんな高い糸を中国に持って行っても、日本に入ってくるときは輸入より高いですから。加工賃だって20分の1ですから。絶対勝てないわけです。勝てるところは何一つない。帰りの飛行機で、行くときはかなり浮かれていたのに、ぼろぼろに打たれて、がっくりして日本に帰ってきました。

私が変わったから彼も変わった

自分で書いた、糸の作り方なんかも、戻って、うちのスタッフみんなに見せて。「こうだったよ」と。「ああ、そうか、そうか」と。私の中ではものすごく刺激を受けて帰ってきたのですけれども、彼らは別に、社長の息子がイタリアへ行ってきて、何か熱く、目を輝かせてしゃべっている。「ああ、そうか、楽しかったんだな」みたいな顔で見ているわけです（笑）。私はわあっと熱くしゃべるのです。「この糸はこうやって、こうやって作るんだよ」って言っても、「ああ、なるほど、そうか、そうか」ぐらいの感じですよね。

私はもう飛行機の中で決めていたのです。これからは自分の作りたい糸を作ろうと。そこで、彼らに言いました。「うちもこれから自分たちで糸を作る」と。そのとき、いろんな機械を見てきたんですけれども、いまだにイタリアの機械を一つも真似してないんです。これをやったら負けだと思ったから。その代わり、自分の作りたい糸があったので、それを話したのです。うちのスタッフに。今言ったようなことも、想いを伝えました。「こんな糸を作りたい」と。

しかし、「うちじゃ無理だ」って言うわけです。「どうして?」と訊くと「こんな糸を作ろうと思ったら、綿《わた》を伸ばすときに、そういう特殊なドラフト、つまり伸ばさなくちゃいけない。それを作るときには特殊なギアがないとできない。うちにはそんなギアはないし、うちはそんな環境になってないから」と。「ギアがなかったら、ギアを鉄工所に作ってもらえばいいんじゃないの」と。

今までは言われたことを鵜呑みにしていました。「こうだからできない」、「ああ、そうか」と。「ギアがないでしょう?」、「ああ、そうか」と言っていたのですけれども。反抗期です、私の。初の反抗ですね。「いや、作って。ギアがないんだったら、鉄工所で作ってもらえばいいじゃない」と。みんな結構びっくりしていました。初めての反抗なので。「何を言うんだ」みたいな顔をされました。

それで、「ギアを作ってくれ」と。黙って、少し考えた後に、「そんなギアを作っても、うちのギアボックスの中に入んねえ」とか言うわけです。「じゃあ、ギアボックス外したら?」「それは危ない」と。「入って回るように枠を作るとかすればいいんじゃないの?」「ギアを大きくしたら床とかにぶつかるかもしれない」とか。次から次へと、できない理由が出てくるわけです。「床のコンクリ、削ればいいんじゃないの。申し訳ないけど、絶対作ってもらうから」と。

そのとき思ったのです。挑戦もしないで、要は作りたくないんですよ。できない理由ばかり言ってきて。もし同じことをあのイタリア人のおやじに私が頼んだら、彼は、「ああ、いいよ、いいよ。面白い、いけるかも」って言うと思うんです。彼は作るのが好きだから。あの顔は絶対作るのが好きなはずです(笑)。それに対して、うちの社員は作りたくないんですよ。

というのは、うちの技術者は高校卒業してうちの会社に入って、与えられた機械で同じものしか作っていなくて、言われたことしかやってない。自分でものを考えたこともないし。いや、考えています。うまくいかなかったらうまくいくにはどうしたらいいか、今までの経験上で。職人といわれる人間なんです。だけど、新しいものを誰も教えてくれていない。日本がやっていないことに挑戦したことなんかないわけですから。そんなのをやる必要がないし、今、工場はうまく回っているし、やる意味がないから。

でも、「やってもらわなきゃ困る、絶対」。うちの技術者、うちの営業とみんな目を合わせて。困った、社長の息子、イタリアで変な風邪を引いてきたとか言っているわけです（笑）。「いやいやいや、申し訳ないけど、絶対作ってもらうから」と。結構長いこと、あだのこうだのやりながら、「もう駄目だ、言うことを聞かないから、しょうがないからちょっとやってみるか」ぐらいの感じで。そこから糸作りが始まったのです。

2、3カ月ぐらいしてから、ある日の夕方、私、営業して仕事をしていたんですね。日が暮れて薄暗くなっていたところにバッと扉が開いて、その技術者が入ってきて、私の前に現れました。すごい怖い顔をしているんですよ。私の前に糸をダーンと置いたんです。何かと思って見たら、私が頼んだ糸が出来上がってきたんですね。「おお！」と思った。一本の糸で太いところと細いところと、いろんな形状が入って、グラデーションに色が変わっている糸です。「できたじゃない」と。にやっと笑っていました。あの顔は、ダーンと来た怖い顔は何を言いたかったかというとたぶん、「本当はできないけれど、俺ならできる」、その想いをあの顔が表現していたんじゃないかと思うんです。

それを見ながら、「すごいな。でも、ここの形状はもっとふわっと、もうちょっと細くなるといいんだけど、そんなのはできる？」と。「それはできるよ」と。「次に試作するとき、ここをもうちょっと細くしてみてくれないか」と。「それと、もしできるなら、この同じ形状のまま細くすると、もっと量産できるようになる。細くないと毛糸はなかなか数が売れないので、細くしてほしいんだけど、この形状のまま。でも、それは難しいよね」と言うと、「いや、できる。たぶん大丈夫だと思う」と。3カ月ほどで、何も作れないおじさんが何でも作れる男に変わっちゃったのです。（笑）

私、実は、うちの会社で「うちはこういうのはできない？」とかいろいろ言うと、うちのスタッフから煙たがられています。ところが、私の友だちとか、いろんな経営者とか、そういう面白いことをやる人っていうのは、「これできます？」と訊くと、「できる、できる、こうすればできる」と。常に前向きに作れる方法を考えるんです。どうしたら作れるか考えるのです。

でも、できない会社の社員というのは、作れない理由を言うんですよ。「これだからできない、ああだからできない、これは時間がなくて無理だとか、それはそんな機械がない」とか。とにかく作れない理由を言い出すのです。だから、私はもう人間のレベルだと思っていたのです。生まれ持った人間力、もちろんそれもあります。優秀な人間はそういうところはあります。でも、人間力だから、うちの社員はもう駄目だと思った。だけど、作れ

写真6、7　佐藤繊維の紡績工場

ない人間が作れる人間に変わっちゃったわけです。

基本、作れない人間、つまりできない理由を言う人間と、できる人間の一番の違い、何が違うか。簡単です。作れない人間、作れない理由を言う人間というのは作りたくないんですよ。どうやったら作れるか考えることができる人間というのは、作りたいんです。いろんなものを。作ることが好きなんです。一番大事なのは好きなのか嫌いなのかということなのですね。要は、いかに好きになるか。自分のやっている仕事が、自分のやっているものづくりが、自分のビジネスが。面白くなれば何でもできちゃうわけです。

そういう人間力、もともと持っている人間の資質、うちの会社にはそういう人間がいないと思っていたのです。ところが、変わったわけですよね。実際のところ1年前ぐらいまで、いろんな話をしたけど、好きか嫌いかというところだけ言っていたのですけれども、ここでこんな話をしていて、あるとき気がついたんですよ。何で彼は変わったのだろう？　できない人間、できない理由を言う人間が何でもできる男に変わった、なぜ彼は変わったのだろうと。

それが、自分でしゃべりながら気がついたのですけれども、それは私が変わったからなのです。私自身が作っているものに対して、それを自分の中で作る夢を持ってものづくりしている、何としても作りたいと思う気持ちを持って、それをぶつけたことによって、彼らができない理由を言おうが何をしようが、絶対作るという信念を私自身が持って、私自身が第一線でそれをやろうとして一生懸命やっている。最初は嫌々でやっていたけど、そのうちそれを見ている彼らが自分で挑戦してみて、挑戦してみて面白さに気がついて、それにどんどんどんどんのめり込んでいったのです。

毎日夕方5時になると電気が消えていたサンプル室が、7時になっても毎日電気が点いているわけです。57歳にして彼は覚醒しちゃったわけです。糸作りの面白さに。毎日夜まで作って、楽しくなっちゃったのです。それも全部私が変わったからなのですね。私もずっと、優秀な人間を集めようと思っていましたが、そうじゃなくて、重要なのは優秀な環境を作るということ、ものづくりの面白い環境を作ることが人を育てることになるのです。

昔の機械を使ったら作れた

実際、その糸を、そこからいよいよ佐藤繊維は販売を始めるんですけれども、その糸を販売したら、半年後ぐらいに日本中から全部返品で返ってきました。太いところと細いところがあるんですけれども、ところどころ綿が抜けていたりして、編地にすると穴が開いているみたいに見えるんですと言われて、返ってくるんです。やっぱり糸作りってそんなに甘くないわけですよ。一見、見えないけど、安定した品質になってなかったわけです。1キロ5000円ぐらいで売った糸から、3着ぐらいセーターが作れるのですけれども、3着返品で返ってくるわけです。5000円の3着だから1万5000円。5000円の糸が1万5000円になって一気に返ってくるわけです。うちのスタッフが、「もうあれは売っちゃ駄目だ」と。俺とその職人さん、がっくり、シュンとしたわけです。

そこからですよね。そこからが「プロジェクトX」なんですね。そこから、最初は悔しくて悔しくて。そこから改良を始めるんですけれども、悪いところはなぜ悪いか改良を加えて、今度はその糸を作っている機械を改良したりしていくんですけれども、やってもやってもできないんです。そのうち触るのも嫌、もう忘れたいというように。子どものころ作りかけた、すごく高い、高級なプラモデルを買ったのはいいけど、途中までで作れなくて箱にしまったまま、作らなくちゃいけないと思いながらほったらかしにしているような、そんな気分で、何かやらなくちゃいけないけどやりたくないみたいな…。

でも、普段は仕事が忙しいものですから合い間を見ながら、一緒に二人でそれにトライして、改善していくうちに、この工程だけでは駄目だと。その前の工程から直さなきゃと。前の工程の機械を改良し始めて、その前の工程って、結局すべての機械を全部変えるわけです。お金がないから機械を買うこともできないので、今ある機械、古い機械で。

そのとき思ったのが、最新の機械は改造することはできないけど、もしかしたら古い機械、今の最高品質ではないけれども、当時の最高品質、そういう昔の機械を使うと作れるかもというような発想でやっているうちに、いろんなものが作れるようになったのです。その糸が本当に完成したのは3年後でした。この3年は本当に、あの「プロジェクトX」のテーマ音楽が今も思い出せるように頭の中で流れてくるぐらい（笑）。自分の中でも何かそんな気分でやっていましたけれども。

そこからいろんな機械を今度は購入し始めました。みんな、最新の機械をどんどん入れて、古い機械は廃棄するのです。効率が悪いので。みんなはコストを下げるために、日本ではどんどん最新の機械を入れるのです。それはそうしないと効率化とか、低コスト化、オートメーション化できないから。そんな新しい機械を入れると、昔の手間のかかる機械を処分する。それをうちが買い取って、もらってきて、ただみたいな値段でもらってきて、私たちはそれで新しいものを作る。

みんなが見ているのは一つなんです。今売れて注文が来るものだけ。もしくは値段を下げることだけ。誰かが言って、みんなが向かっているところにみんなが向かうわけです。それに対して、古い機械は効率が悪い。今、みんなが向かっているところをやろうと思ったから効率の悪いものは処分するわけです。私の会社も以前は、同じように効率のいい機械を何とか借金して入れていた会社なんですけれども、それじゃ勝てないというところから変わっていきました。

みんなが捨てるものをどんどん購入して、うちの会社はどんどん古い機械が増えていくんですけれども、そんなことをしていろんなものづくりの環境をよくして、3年後にその糸ができたときに、いろんな機械を手に入れていたので、その古い機械を使うことによって、今まで作ったことがない、いろんなモヘアだったりグラデーションの糸だって作れるようになりました。そこで、結局すごく変わった糸を作るといわれる会社になっていきました。

いろんな面白い糸を作って、変わったものを作っているうちに、要は自分だけのものづくり、トレンドを追いかけない自分のスタイル、最初はそれがいいか悪いかわからなかったのですけれども、自分のスタイルができてきました。そういうようにして、いろんなもののづくりがどんどん変わっていきました。そうやってものを作っていると、良いものを作って、おれの糸は絶対面白いとか売れると思っていく。セーターも変わったセーターを作ったので面白い。

ただ、当時、ハイゲージ（編注：ゲージとは、編み物で一定の面積内での編地の目数と段数の密度）の機械が人気がありまして。雑誌でもハイゲージ推し。そのハイゲージというのは、12ゲージという機械なんですね。結構小さい目のニット、ドレープ感がきれいに出るわけです。その前のニットというのはもっとセーターらしいものしかなかったんですけれども、もっとコンサバで、きれいな女性がきれいに着る薄手のニットです。それが日本に入ってきて、ヨーロッパの高級ブランドはみんなそれを使っていたので、日本でもそういうものが主流になっていくわけです。それで、日本の工場はみんなハイゲージにいくんですね。

うちは、これはちょっと入れられなかったので、そのときに古い機械、中途半端な機械しかなかったんです。うちの会社は。みんなは7ゲージの太い目の針と太い糸を使う、あと12ゲージの細い糸を使う、それに対してうちは10ゲージ。10ゲージは中途半端だって誰も注文をしてくれないんです。

そこで考えたのは、12ゲージの目を出しながら、12ゲージの糸と7ゲージの糸に近いもの、12ゲージの糸は編めないので、7ゲージの糸も入らないので、だけど、10ゲージでできるだけ、一枚の編地の中に12に近いものと7に近いものを両方入れる、そんな編地を開発したら、今までにないような編地ができるので、それを持って行くと注文くれるんです。結局、流行を追いかけている人たちは黙っていても注文くれるんですね。うちは提案しないと来ない。でも、そういう機械しかないので、まずそれを提案したのです。

そのうち借金が終わって、やっと次の機械が買えるなと。俺も12ゲージ買おうかなと思った。そうしたら、12ゲージのトレンドはもう終わっていたのです。なぜかというと、中国も日本の工場も全部12ゲージを入れたから、12ゲージがあふれるほど出るわけです。それだと価値がなくなっちゃうわけです。もっとお金を持っている会社は14に、さらに目の細かい機械を入れるわけですね。12ゲージを持っている人は仕事がないわけです。

やっと借金が終わって、12ゲージを持っている会社はどうするかというと、12ゲージの機械を下取りに出して14ゲージのもっとエレガントな機械を買うわけです。また借金が始まりますね。ともかくうちは10ゲージの借金は終わるんですけれども、10ゲージはまだうちの独自の糸を作っている。提案すればまだ注文が来ますので。借金は終わったから、今度は3ゲージを買ってみようかなとか、5ゲージを買ってみようかなとか、またそんな同じようなことをするとトレンドじゃないので、マーケットにないので注文が来るわけです。

そのうち借金が終わるわけです。当時、みんな日本の工場はだいたい30台とか50台とかニットの機械をいっぱい持っている時代に、うちは7台しかなかったんですから。今は日本で一番台数を持っている会社に変わりました。その一番最初の機械も含めて、うちには機械がいっぱいあるのです。古い機械に加えて、うちは世界と戦うために、最新の無縫製の機械も入れています。

何でこんなに機械を短期間に増やせたのかというと、7台の借金で7台の機械を回す。

借金が終わったら、7台の借金で11台の機械を回す。15台の機械で11台の借金を返す。15台の借金で25台を回す。7台から14台になるまで5年かかりました。つまり5年で償却しました。15台の機械が30台になるのにも5年かかります。ただ、あくまでも前提として、古い機械も全部注文が入るのが前提ですから。30台の機械が60台の機械になるのに、あと5年かかる。今60台の機械が120台になるということで、新しい工場を造りました。今、日本で最新の機械が全部うちに入っているんですけれども、新しい無縫製の機械に関しては日本で一番多いんじゃないですかね。

最近、新しい工場を造りまして、120台入る工場なんですけれども、最新の機械が60台と古い機械が60台の120台あります。あと5年で250台になる予定なんです。自社ブランドは変わったものを作っています。だけど、これから中国に取られた99％を取り返すんじゃなくて、新しいマーケットを作って、新しい1％、新しい2％を日本に作っていこうかなというように思っています。

良いものを作っても売れない

そんなことで、私もいろんなものづくりをしながら、いろんな戦略をやってきました。もう一つ言うと、変わったものも作って、面白いものを作って、誰も作っていないものを作る。あと、最初はマーケットが評価してくれて売れる、良いものを安くすればと思って売っていたのですけれども、それは嘘だろうと気がついた。いつ、気がついたか。うちの工場がある日、止まっちゃって、仕事がなくなって、大手のパートナーが減っていったものですから、仕事がどんどんどんどん少なくなっていって、そんなときに工場が止まってしまいそうになったことがあってですね。

仕事がないと工場を止めるしかない、どうしようというときに、これは自分で作るしかないと思いました。「注文はないけれども、自分でデザインして工場発注して、作ってくれ」と。というのは、一番最盛期で儲かっているときに私は帰ってきて、私が帰ってきた途端にどんどんどんどん仕事がなくなって、悪くなってくる。周りにすれば、息子が帰ってきたからうちは悪くなっちゃったと思っているわけです、みんな。声に出さないですけれども。何とかしないと。まず「仕事がないから今日から休み、給料はちょっと減るけど」とは言えないわけです。しょうがないから、何とかして回さなくちゃいけないというのが大前提だったので、回しました。

どんどん製品が出来上がってきて。そのときにどうするかってなります。実は当時、山形で製造直販、製造メーカーがダイレクトにマーケットで販売すると結構売れたのです。イベント会場を借りてやるのですけれども、オープン前に並んで行列になって、ばあっと入ってきて奪い合いするぐらい売れていたのです。サンプルとか増産したものとか、納期遅れとかになっていろいろあったので、そういうものを販売していたのですけれども、そんなにたくさんあるわけじゃないので、山形県内で山形とか、その隣町、天童とか上山とか米沢とか、山形の町、各都市で毎週イベントをして。

日曜日にトラックにセーターを積んで持って行って売ると、たいてい、ばあっと売れて。すごく売れるんです。そこで売ろうと思って。工場が止まったので、自分で作ったものでも何千万円分もできちゃったんです。そういう製品をそういうところで販売しようと持って行ったら、案の定、売れました、すごく。佐藤繊維って山形では結構有名だったものですから、ばあっと売れた。次も売れた。非常に売れたのですが、物もいっぱいあるので、作った量が何千万もあったので、残ったわけです。全部一通り行って、また同じところでやっても、先月やったばかりで売れないので、全くやったことのない土地に今度は行ってみようとか。仙台とか、あと酒田って海沿いのほう、山形県の海沿いのほうは誰も行ったことがないのでやってみようと行ったのですね。雪の日に、トラックにセーターを積んで、うちの家内と2人でトラックを運転しながら。うちの家内は東京でデザイナーだったのですが、東京から嫁に来ました。そのとき、いつかお前のブランドをつくってあげるからとか言いながら連れてきたのです。来たら延々トラックを運転させられちゃって、そのうち、かなりワイルドになってきました。(笑)

トラックの荷台に幌付きの、自衛隊が乗っているようなトラックの中にセーターを積んで一緒に売りに行って。ある日、スーパーの前に場所を借りたものですから、そこで販売したんです。私の中では、初めての土地だから相当売れると思ったのです。だって、日本の店頭でめちゃめちゃ売れているものを、売れ残ったものじゃなくて売れているものが7500円ぐらいで売っているわけですから。売れるぞ、これはと思って。スーパーの前に白いテントを張って、そこにセーターを並べて、ラックに掛けて売ったんですね。

オープンして、スーパーにはどんどんお客さんが入り始めた。でも、うちのラックは、誰も見てくれない。10時オープン。11時、12時、一人も見てくれない。一枚も売れない。12時、1時。ええっ？　2時ぐらいになって、一生懸命、必死に声をかけたりしたんですけれども、見てくれないんです。何も見てくれない。ええっ？　と。

2時、3時ぐらいになったときに、思いました。自分で良いものを作っていると、大ヒットする商品だって考えるんですよ。そのとき私が思ったのは、「失敗だったな、ちょっとこの場所が駄目だった」と。それは当たっています。この場所は駄目だった。このスーパーに来ている人、このゾーンって、マーケットゾーン、お客さんゾーンはちょっとうちの2万4000円のセーターを買っているお客さんの層とは違うのだと。ちょっとうちのこのセーターの価値を理解できない。それは口にはもちろん出していないです。心の中で思っているわけです。

うちの商品の良さを理解することが、こういう価値のものを見たことない人にはわからない、そういう人たちが集まるところに来ても駄目だなと。それは確かに当たってはいるのですけれども、でも、要は言い方を変えますと、売れない理由は「お客さんが悪いから、俺の商品は良い、お客さんが悪いから売れない」というように心のどこかで思っているわけです。だって、自分のセーターは今店頭でめちゃくちゃ売れている。それをわからないお客さんが悪いのだと。

　夕方、薄暗い中に、向こうから品の良い、素敵な美人の女性が歩いてきました。そうしたら、何とその女性、私の作ったセーターを着ていたのです。うちはそこの土地で売ったことがないので、正規のルートでブティックやショップから買っているわけですよね。2万6000円か2万8000円ぐらいで買っているわけです。見上げたときに、「ああ、この人なら、この人ならうちの商品をわかってくれる」と。「お召しになっているのはうちのブランドで、山形の寒河江で作っている、すごく売れている商品を今日は市価の3分の1で」とか、しゃべっているうちにスーっと店内に入っていっちゃって。

　あの人に見てもらわなきゃ今日は売れないと思って、もうスーパーの前で、早く来ないかな、レジに来ないかなと。ああ、来た、来た、来たと思って、もう絶対売ってやろうと思って。店を出た瞬間に仁王立ちして声をかけたのですけれども、見てもらえなかったです、全然。場所が悪かったなと思って。トラックに積んで帰った。何が悪かったのだろうと。もちろん場所、平日。私たちは良いものを作っていると売れるだろうと。だって、いつもの土地だったら人だかりなのです。奪い合いなのです。でも、今日は一枚も売れない。なぜか。

私の中では2万4000円の価値があると思っているし、良い商品だとわかっているけれど、そこを通っている人は、2万4000円の価値なのかどうかはわからないですね。2万4000円なのか、1万5000円なのか、9900円なのか、5900円なのか。7900円という値段が高いのか安いのかもわからないし、その2万4000円のセーターが今売れている製品なのかもわからないのです。先月、山形でやったときは、山形のニット工場ってすごく良いものを作って、早く行かないと一点ものはなくなっちゃう。あそこだったらすぐ行かなきゃと、みんなわかっているわけです。良いものを安く買えるのを知っているわけです。だから、並んで来るわけです。奪い合いになるわけです。すでに製造直販自体がブランドなのです。

でも、私たちはどう思っているかというと、良いものを安くしているから売れているのだと思っているわけです。良いものを安くして、デザイナーブランドの一点ものとか、サンプルとか、そういうものがあるという情報はすでにお客さんは知っているわけです。要は、私たちのこだわりとか想いとか、その現状は、その情報をすでに知っているから来るんですけれども、今日は情報がないわけです。今日のお客さんには。どんなに良いものであろうと、2万4000円の価値をお客さんにどうやって伝えるかということをしない限りは売れないということだと思うんですね。さらに、立地もそうですね。きれいなお店をつくったところで入るかといったら、スーパーに買い物に来たときには買わないです、セーターは。セーターを買いに来ていないので。その辺から、自分が良いものを作れば売れるかというと、そんなことはない。そんな考えが出てきたのです。

いろんなアパレルさんを回って、繊維メーカーを見ていて、良いものを作ったからといって、片っ端から電話しました。たいがい、当時良いものを作っているブランドには全部電話したと思います。当時、電話すると、「どういう設備をお持ちですか」と言われるんです。「うちは10ゲージです。10ゲージでもすごく面白いニットを作っているので、見てもらえますか」と。向こうは今売れている12ゲージしか欲しくないわけです。「すみません、10ゲージも7ゲージも今うちは取引メーカーがあって、間に合っています。12ゲージがあればぜひお取引したいんですけれど」と。

彼らの頭にあるのは、うちの商品を知らないので情報でしかない。店頭で12ゲージであれば、12ゲージだけ小売店は買っていくし、雑誌が12ゲージのハイゲージの記事を書いたらお客さんも12ゲージを買っていくし。だから、誰も会ってもくれない。もうこれは直接持っていくしかない。海外旅行バッグに自分でつくった変わった商品を全部持って、今みたいにバリアフリーはないし、エスカレーターもなかったので大荷物で重かったのですけれども、アパレルに飛び込みで営業に行きました。でも、ほとんど会ってくれないです。どこのわけもわからない無名の会社が来たところで。当時は銀髪になんかしていなくて(笑)、ちゃんとスーツを着ていたので、身なりはちゃんとしていましたが、それでも会ってくれなかったです。

たまに会ってくれたと思っても、出てくるのはだいたいアシスタントみたいな子が出てきて。「ちょっと見てもらえませんか」と。「すみません、今日は、私アシスタントなので、情報だけちょっとお伺いさせて」と。当時みんな12ゲージを探していたのです。「どういう設備をお持ちですか」と。また?「ちょっと見てください」。「いやいや、結構です」と見てもらえないんです。

そのとき、たまたま東京ビッグサイトで繊維の大きい展示会があったのです。これはチャンスかなと思って申し込みました。無名の会社で小さかったので、一番隅っこの誰も人が来ないような変な場所だったのですけれども、展示会に行きました。そのときに、ブースの施工業者がA案、B案と、これだといくら、みたいなのを提案しに来るわけです。何もしなくていいんです。「床の絨毯《じゅうたん》は何色で?」、「床の絨毯も要らないです」。わが家は古い茅葺《かやぶき》の家を一軒譲り受けて、それを解体して古材で家を造ったんですけれども、その残った古材がいっぱいあったので、その古材でテーブルとか棚とか、ラックも全部古材で作りました。

そのとき70型ぐらい、ニット70型ってすごい量なんですけれども、自分たちで商品を作って、かなり気持ちを入れて作っているので、洗練されている商品ではないのですけれども、すごく面白い商品だったのです。この前、たまたま整理していたらその商品が出てきたんですけれども、パワーがあったな、商品からパワーが出てくるぐらい、そういう面白い商品。日本中の、世界中のニットのアパレルさんが誰も見たことのないような製品ばっかりなのです。

その70型をトラックに積んで、また2人で東京まで行って。いろんな変わった編地のものを並べて、展示会をしたのです。隅っこなので誰も人が来なかったのですが、そのうち、お昼過ぎぐらいになって通りがかった人がいて、何か変なブースなわけです。見たら、マネキン人形2体がすごく面白いニットを着ているわけです。「何？　このニット」と。うちの中に入ってきて商品を見るわけです。「ええっ？　何、このセーター」って。今までの人生で見たことないようなセーターしかないので足を止めます。

70型もありますから、出て行かないでずっと見ています。また次の人も入ってきて。ブースは変わっているし、中に人が入っているし、どんどんどんどん入ってくるわけです。蟻《あり》地獄みたいに人が溜まってくるわけです（笑）。溜まってくると、その溜まっているのを遠くから見て、また人が来るわけです。どんどんどんどん人がいっぱいになってくるわけです。小さいブースしか借りなかったので、人だかりになるわけです。この中がいっぱいになって、人が入れなくなってくるんです。入れなくなると、みんな入りたくなるんです（笑）。入れないと言うと、ちょっと待っていただけますかと言っても、無理やり入ってきますから。すごいわけです。

そのうち本当にいっぱいになって、今度は並ぶんです。人って、他人が並ぶと、並びたくなるんです（笑）。面白いのは、最初誰も私たちに声をかけないんです。じっと見ていて、誰もしゃべらないんです。私が声をかけたら、しゃべり始めるんです。誰か一人しゃべるじゃないですか。しゃべると、隣にいた人がしゃべりたいんですよ。ずっとしゃべるのが終わるのを待っているんです。しゃべるのを待っているんです。人って、誰かがやるとみんな私もできる、私もやりたいと思う。面白いですね。

そんなことをして、名刺を交換して、あまりにも人がたくさん待っているので、「今日は名刺だけ交換させていただいて、後で連絡させていただきます」と。「ぜひ、商売したいんだけれども、うちにこの製品を後で持ってきてくれ」と。「わかりました」と名刺交換して。100枚持っていった名刺があっという間になくなりました。3日間で470人ぐらいお客さんが来てくれました。もう名刺がなくなって、追加、追加でスピード名刺を作ってもらって、また交換して、しゃべり続けました。

一日中、展示会をやっても、結局入れなくて、「明日また来るから」と帰っていく人も。「改めて来ていただけるのなら、朝は暇なので」と。次の日、朝からまっすぐ来てくれたりしているんですね。結局3日間しゃべり続けて、3日終わってトラックで山形へ帰って、名刺を整理して数えたら470人、175社ぐらいありました。全部並べたときに、そこでふと我に返って、「ああ、うちの会社、営業は俺一人しかいなくて、どうしよう、こんないっぱい商売できない。せいぜい10社ぐらいしかできない」。

「どうしよう。後でお伺いするとみんなに言っちゃったし」みたいなことで、ずっと名刺の山を見て、この中で一番やりたい10社、今できる10社を選びました。残り165社には、「うちは営業が1人しかいなくて、体制をできるだけ早く整えたら連絡させていただくので、体制が整うまでちょっとだけお待ちいただけますか」と、165件全部に電話し

ました。後々、つないでおきたいものですから。（笑）

175件の中でどれにしようかなと思って見たのですね。175件、全部ではないけれどもほとんど、先月、先々月私が電話して、私を断ったお客さんでした。あのときも同じような商品を持っていったのです。見てくれなかったけど。今回見てくれたのは12ゲージじゃないです、全部10ゲージですから。世の中ってこんなものなのか、という話ですよね。

本当にお客さんの目線になっているか

ブースを作るときも同じです。私たちはよく、「自分たちの目線でものを作る、こんなものを作ったら面白い、こんなものを作ったら良い、いや、俺がお客さんだったらこうだ」と言っているのですけれど、本当にお客さんの目線になっているかって。もし自分がお客さんだったらって言っているけれど、意外にそうじゃないですよね。

本当にお客さんだったらって、見たときに思うことがあります。

この前、秋田の湯沢というところに講演を頼まれて行ってきたんです。そうしたら、湯沢の青年会議所の人たちが、今度湯沢の駅も新しくして、3階建てになってエレベーターも付いて、すごくきれいになったのですって。湯沢というのは、新幹線から在来線に乗り換えて、秋田からも山形の新庄からも40分ぐらい電車でかかる田舎町なわけです。私は、山形の寒河江という町なのですけれども、うちの寒河江の駅もきれいな駅になったのです。だから、「すごくきれいな駅になったのです」って言う湯沢の人に、「ああ、やっちゃったのか」と。それは一番やっちゃいけないこと。

今の時代、秋田に来る人間って、湯沢に来る人間って、新しいホテルだって、カラオケも付いていて、そんなのカラオケボックスでいいだろう。秋田に来る東京の人は何を見たいかというと、秋田の景色と、秋田の自然と、田舎と、非日常ですよね。東京にいる人は。寒河江に来たときに、うちの寒河江の駅ってホームに着くと、古い木の階段があって、それを渡ったところに古い寒河江駅があって、改札のところに鉄の鋏《はさみ》で駅員さんが切符を切っているわけです。駅の前に「寒河江」って書いて、昔の瓦葺きの屋根があるわけです。

その駅のホームに着いたときに切符を切る鋏を持つ駅長さんがもしいたら、間違いなく、若い女性が来たら、そこで写真を撮ってSNSです。間違いなく。こんな田舎に来たと。在来線でずっと来て、そこの駅のホームがすごくよかったと。エスカレーターを造るんだったら、反対側にエスカレーターを造るべきなんです。エレベーターを造るんだったら、反対側に造ればいいわけです。その古い駅舎そのものが実は田舎で、非日常なのです。しかし、それが今は無味乾燥な3階建てなわけです。

でも、本当に寒河江にいる人はわかってない。自分の魅力を。自分がお客さんの目線、東京から来る人間の目線になってないんです。ファッションもみんなそうです。自分でわかっているつもりでやっているけど、目線になっていないから。お客さんの目線に。そんな気がします。

強みをブランドにして世界へ飛翔

すみません。最後に一つだけ。そんなようにして自分も自分のブランドにして、いろんな見方をして、いろんな流通をつくったり。自分のブランドもニューヨークでスタートして、逆に後から日本でスタートして、ニューヨークも18年、パリも16年、17年ぐらいやっていますかね。今、この3年ぐらい、パリも人気が出ているんですが。オーストラリアから中東からヨーロッパ各地に卸先はあります。中国にも製品を卸したり、台湾にも今6店舗お店を出しています。

結局、どういうようにブランドをつくるかというところがすごく重要で、今そういった形を展開しながら進んできています。結局、大手が作るような商品を作っても売れないので、私のところだから作れるものづくり。最初見ると、ええっ？ と思うようなものが結構あるんですけれども、それは結局、最終的にうちの顔になってきている。

後でもし皆さんご興味があったら、実はテレビ通販もやっているんです。実はうちはジュピターショップチャンネルの中でも売れているほうだと思います。ジュピターの社長はいろんな大学で講演するときにうちのことを必ず言うらしいです。だけど、うちが特殊なのは、安くないし、セールをすぐにはしないのです。

テレビ通販で、実は一昨日の朝8時からでしたけれども、後で見ることができるので、もしよかったら見てください。18年間やっているブランドって、テレビ通販ではないんじゃないですかね。ヨーロッパでもほとんどないと思うし。作っている人間がダイレクトにものづくりをしゃべる番組なのです。

一昨日の番組では、予想準備した商品は放送中に売り切れてしまって、その後は以前の商品とかを販売したんですけれども、案の定そこで売り切れた次の日、その日の午後からうちの直営ショップに、テレビ通販で売っていたのはないですかって、問い合わせが来たそうです。

環境を変える、環境とか作るこだわりとか。で、自分だから、うちの商品ってトレンドかって言ったら全然トレンドじゃないわけですから、長く続く、ずっと継続的にやることによって、そこに顧客ができて、その人たちが喜んでくれることによって、刺激になっていく。ブランドをどういうようにつくっていくか、中小だからできること、それは自分のものづくりのこだわりとか、自分の関係を、自分ができるということを今やっている、それが今に至るのです。

もっとブランドの話もたくさんあるんですけれども、最後にひとつ。私、20年ぐらい前に初めてイタリアの展示会に行って、その展示会に出たときにすごく思ったのです。その展示会、本当すごいなと。いつかこの展示会に出られるような会社になりたい、そういうものづくりがしたいとそのとき思いました。そこから私はいろんなものづくりをスタートさせました。今から11年前に自分で作った糸を主催者に送って、「こういったものを作っている会社です」って。

なかなか返事が来なかったのですけれども、日本の企業でウールをヨーロッパに売りに行くなんていうのは認めてくれないので、イタリアにないものだったら来てもいいよとあるんですけれども、ウールをイタリアに日本から売る、アジアから入れるなんてとんでもない話だという、そういう常識があったんですけれども、結構ぎりぎりになってうちに電話がかかってきまして、「いいよ、出店しても」と。そこに出店できる切符を手に入れて展示会に出たんですね。

最初に出たときは、うちのブースは地下の隅っこのほうで「ええっ？　ここ？」と叫んだところだったのです。この展示会に100人来て、ここに来るのって、2人ぐらいしかいないいんじゃないのっていうような場所だったのです。隅っこで。うちのスタッフはがんばって、そのときに持っていったのが、白い布で全部ブースを真っ白にして、そこに面白い編地をいっぱい飾ったのですけれども、どうしようと思って。

たまたまそこのブースの照明担当のおにいちゃんと友だちになって。昼にパンを買ってきて、パンをご馳走したうえで、「お願いがある。この上の電気を消してほしいんだけど」と。「いやいや、俺はブースの照明を点ける係だから天井の電気は触っちゃいけないんだ」と。「じゃ、この三脚を貸してよ」、「いや、それは貸せない」。「そんなこと言わないで。

じゃ、俺がやったってことで、上を消してよ。美味しいものご馳走したじゃない」みたいな。実はそのつもりで友だちになったのですから。（笑）

それで、電気を全部消してもらって、真っ暗にしました。スポットライトを点けるようにわざと暗くして、真っ暗です。そうしたらうちのスタッフが、「社長、こんなんじゃ暗くて全然編地が見えないですよ」と。各テーブルの上だけ明るめに点けたのですが、「こんなんじゃ見えないです」って。「今日は見えるか見えないかの戦いじゃなくて、お客さんがここに来るかどうかの戦いだから」と。「いやいや、社長、これじゃ仕事にならないです」。「いい、これで」と。

案の定、朝は誰も来ないわけです。昼ぐらいになったら、「何をやってるんだろう、真っ暗にして。スポットは点いてるし」。ちらちらちらっと見る人が。かなり変わった編地なので、「ええっ？　面白い」と、見ていった。1時前ぐらいに、すごい大御所っぽい人が来たんですね。ぱあっと見て、うちのモヘアを見たんです。当時、グラム13メートルぐらいの糸しかモヘアって作れなくて、それはウールを混ぜないと作れなかったんです。だいたい1メートル、2メートル、要は9メートルから13メートル作るのに7、8年かかっていますから。そんな細いモヘアってないわけです。セーターを作るときに、特にウールを入れると風合いがモヘアのほうが良くなる。
そのとき私が作ったモヘアというのは1グラム52メートルのモヘア。50年経ってもイタリアは作れないと思います。それを置いていたのです。それを見たその人が、うちのスタッフに、「これ何?」と。「モヘアです」と。「ウールが全く入ってないんだ。グラム数は52番だ」と。「そんなのはあり得ない。日本で作っている? どこで作っている?」「日本で」。「こんなのはあり得ない。イタリアの一番有名なモヘアのブランドでさえも13番つまり1グラム13メートルしかない。あり得ない。あり得ない」と。
その彼女は、しきりに「あり得ない」と。後で聞いたらその人はすごい大御所だったらしくて、いろんなデザイナーや糸のことに詳しい人に、「地下のあそこに行ったほうがいいよ」と言ってくれたらしいんです。午後3時ぐらいになったら、ぽろぽろとお客さんが入り始めて。「社長、ちょっといいですか」と。「社長、ちょっといいですか、こちらグッチさんです」。「ああ、佐藤です」と。そうしたら、このぐらい、ぶ厚い紙に、金色で「GUCCI」って。グッチじゃん(笑)。即、相好崩して〝Nice to meet you!〟って。(笑)
そうしたら、うちの家内は英語はしゃべれないのですがこっちで商談してたので、「お前、ちょっと来い」と。「私ちょっと今、接客中で」。「ちょっとだけでいいから、ちょっと来い」。「駄目、駄目、駄目」。「いいから、早く」と。そうしたら、うちの家内が私の見えるところに名刺を出したんですね。そこには金色で「LV」と書いてあるんです。ルイ・ヴィトンだ（笑）。「何でこんな時間に、すごいやつらが来るぞ」と思いながら。そうしたら、その後、プラダとか、ディオールとか、いろんなブランドが来たんです。結構熱く、興奮しながら3日間、展示会が終わって。

それで、結構話題になったのです。翌年も出展しに行ったら、うちのブースは2階でした。1階がメーンフロアですから、すごくいい場所。みんな同じものしかない。当時面白い糸を作るという会社って限られたところしかなかったので、突然現れるとかいうことは、普通はあり得ないんです。どこどこの技術者がどこそこの会社に移った、その会社が今回何を作るだろうというのはあり得る。でも、すべて世界のものづくりはイタリアとイギリスぐらいしかない。突然変わったのが現れるなんてあり得ないです。もう何十年の歴史で。突然、何か日本の変な銀髪の男が現れたみたいな話で。なぜか銀髪はインパクトがあったんです。

で、そこから、翌日には100件以上のお客さんに来ていただいた。そのときもうんと有名なブランドもたくさん来てくれて、その展示会が終わった、7月だったのですけれども、2、3カ月後かな。ある出来事が。リーマンショックですね。1ドル170円で値段を付けているわけです、うちは。それが120円になっちゃったんです。駄目だ、俺たち売れないと、すぐ値段を全部変更したわけです。40ユーロだったのを65ユーロに変更になりますと。「馬鹿か。40ユーロが43ユーロになるとかは理解できると。昨日まで40ユーロだったのが、突然65ユーロになりました、そんなものは通用するか」と。そのときの商談は全部キャンセルになりました。

「ああ、もう無理だ。この値段では、円高では売るのは無理だよ。もう諦めよう」と。だけど、私の中ではずっと憧れていたイタリアの展示会に出展して、これだけイタリアの人に、ヨーロッパ全土のデザイナーに評価してもらった、ここに来るだけで俺の持っていた夢が果たせたし、これでいいかなと思いました。「それでいいと。もう十分だ」と自分の中では思っていたのですけれども。

そんなことをしていると、うちにメールが届きました。「あなたのところで面白い糸を作っているという噂を聞いたのだけれども、資料を送ってもらえないか」と。名前は言えませんが、最高峰のあるブランドからのものでした。ここは、ハイブランドの中でも神様みたいな存在で、世界で最高の文化を作り続けていて、ファッションショーなんて桁違いです。糸の展示会には絶対来ないです。本当、パイプを作ることすら絶対不可能なぐらい、難しい。いったい誰とつながればアプローチできるんだろうみたいなぐらい、遠い存在なのです。

それが直接来て、「資料を全部送って」と。どうせヨーロッパでの商売はやめるし、英語の資料を全部送ったんです。そうしたら、その年の12月か翌年1月のそこのコレクションが、今までは布帛《ふはく》がメーンだったのが、ニットが半分以上。初めてです、そんなコレクションは。そのニットのほとんどにうちのニットの糸を使ってくれて。そのときは感動しました。やっぱり最後にこんなことがあって、もう最高に満足という感じだったのです。

そうしたら、そのすぐ後、また別のブランドから連絡がきました。「オバマ大統領夫人が就任式に着たカーディガンは、あなたのところで作った糸だからね」と。結構ニュースでわあっと話題になりました。ちょうどその1週間後ぐらいにうちのスタッフが、「社長、来年の7月の展示会の締切りがきたので、どうしますか。今回は申し込まなくていいですか」と。ものすごく葛藤がありました。「どうしようか。もう一回だけやってみようか」ということで、もう一回だけやることにしたのです。

それで、展示会をやったところ、ただそのとき、為替のせいで、とてつもなく世界で一番高いですから、うちの糸。一番高い、でもその値段で見てもらって、それで評価してもらうためには、相当演出とか、編地づくりとか、提案も相当のものじゃないと通用しないわけです。そういう提案をするためにかなりがんばりました。その年を境に毎年、これまで成長してきました。

今にして思うのですが、あのときのリーマンショックで為替が120円だったときに、そして110円、100円までいきましたが、展示会を続けたことによって世界で最高級のニットの糸という位置づけになりました。もちろん、うちもそれなりに努力もしたんですけれども、逆に円高があったことによって、今うちの糸がブランドになったのではないかなと思います。

日本の中小企業が世界と戦うには

3年ぐらい前にイタリアの展示会に行ったら、私のブースが地下になっていたんです。「ええっ？　何で」って文句を言ったら、「すごくいいところだから」って。現地に行ったら、昔、初めてやったような隅っこじゃなかったです。それは大御所の紡績メーカーが何社か並んでいて、その隣だったのですね。どれもすごく有名な紡績メーカーで。向かい側は、私が18年前に行ったときに工場を見せてもらった紡績メーカーでした。向こうはもちろんうちよりも規模が大きい会社なのですけれども、今あの会社と対等に、世界でファンシーヤーン（紡績）を作る会社として、そこの会社と私の会社というのが対等な立場で並ぶことができました。

もし、あのとき私が彼の真似をしてきたら、私は真似の会社だったのです。25年前に、ろくなものも何も作れない、技術も人も設備も何もない中小企業の会社だったのですけれども、ただ、私の中で、自分のビジョンをどこに置くか、どういうようなものづくりをするかを考えていました。お金もないけど、自分ができるプロモーションだったり、ブランディングだったり、どうすればいいのかということを考えながらやってきました。一番大事なのは、経済がどうとか、何がどうとか、もちろんそれは関係があるのですけれども、いかに自分の持っている財産、自分の持っている強みというものをどうやってプロモーションしてブランディングしていくかということがすごく大事なんじゃないかなと思うのです。

中国を中心として実は世界は新しい構造に変わりつつありますが、その中で、今、自分の商品も糸も、さらに挑戦をしています。さっきもお話ししたように、日本ではたぶん機械の台数にしても紡績の生産にしても、今一番大きい会社になりました。売上は一番ではないですけれども。大事なのは、自分の中で自分の会社をどういうようにしたいか。それをやるためには何をしなくちゃいけないかということを考えることが大事なんじゃないかなと。

これから日本は、残念ながら、どんどん買収されたりとか、二束三文で日本のすばらしい会社がどんどん海外に買われたり、また日本の技術が盗まれたりって、今後もさらに起きると思います。けれども、技術だけで戦うんじゃなくて、それを世界にちゃんとブランディングするような環境を作るにはどうするかというのがきっと大事なんじゃないかなと思います。

日本は誰にも負けない技術力とか繊細さとか、外国人が持たないものがたくさんあるのです。それをいかに武器にするか、これが私たち日本がこれから世界と戦う、また、地方の産業だったり、製造業が生き残っていくうえで一番大事なことのような気がして、がんばっています。

ぜひまたこれから日本の産業、日本の中小企業が世界と戦ったり、また日本の環境を変えていけるような形ができるように、私もがんばります。皆さんもがんばってください。かなり予定時間を超過してすみませんでした。ありがとうございました。（拍手）

質疑応答

【長沢】どうもありがとうございました。講演1時間、質疑30分で計90分の予定のところ、すでに予定時刻を過ぎております。しかし、話し出したら止まらない（笑）。熱い想いをありがとうございました。いろいろお話しいただきましたが、私がいつも言っている、「高くても売れる製品」、「高くても熱烈なファンのいるブランド」というのを実践されているというので、自信を持ってゲスト講師にお迎えしたわけです。

ただ、ブランドのお話が中心でしたので、これから将来、ファッション、アパレルがどうなって、どういうものづくりをしていくかというようなお話は、お時間がなかったので伺えませんでした。興味がある方は質問してください。それでは質問のある人。はい、お願いします。

【川村（質問者）】本日はすばらしいご講演をいただき、ありがとうございます。長沢ゼミのOBで川村と申します。佐藤社長のお話は、長沢先生から前々からいろいろとお聞きしておりましたので、今日は無理を言って伺いました。情熱も、言葉にすごく感動を覚えて、すごくうれしい気持ちで今おります。

去年、僕が専門職学位論文（編注：修士論文相当）で書いたのは、特に地場の伝統産業がこれから日本、そして世界に向けて発信していく中で、どういった形でやっていくのが一番いいのかというのをいろいろな会社等を分析しながら研究した内容で、流通などに焦点を当ててました。一方、佐藤社長が先ほどいろいろとお話しいただいた中で、オリジナリティ、自分の強みを生かしていくことだというお話をいただいたと思います。

その中で、特に日本のいろいろなたくさん良いものを持っているところが、いわゆる日本発のラグジュアリーブランドとして、もし羽ばたいていくならば、これを一つやっていく必要があるなという、何かポイントというか、社長なりの目線というのがもしあれば、お伺いしたく思います。

【佐藤】いろいろ産業はあるので、それぞれにいろいろと考え方は違うと思います。いろんなアクションを起こして、今、糸の分野であったり、セーター、ニットの、ファッションのテキスタイルで変わったものを販売しながら、山形にあるうちの店で日本のいろんなものを扱うショップをやっています。ショップを始めたら、今まで売りに行ったときに自分でこだわっている部分と、自分が今度は買おうと思ったときに見る目線が全然違うのに、すごく気がつきました。もちろん値段なんかもそうなのですけれども。

雑貨、家具とか、陶器とか器とか、いろいろなものを扱ってやっている中で、一つ共通することは、自分のものづくり自体新しい、今まで作ってきたものの延長で作る人もいるし、その技術を生かして新しい分野で挑戦する人もいれば、いろいろいると思うんです。これはどっちもすごく面白いと思うのです。その中で、自分で新しいものを作って売りに行ったときに、誰かに販売代行をお願いするのもいいと思うのですが、自分が売っている売場とか、自分が売ろうと思っている売場を自分でリサーチしないと。

今まで技術者、ものを作っている人は、日本でアパレル産業が衰退していく流れの中で、マーケティングをちゃんと自分でしているとわかるのですけれども、みんな日本の産業っていうのは分業なのですよね。分業でやっているということは、見えていないのですよ。誰かから言われてやっているのですよね。自分で仮にマーケットに合っていなくても、それを自分で売りに行って、途中で、「ああ、違っていたな」と思ったときには変えればいいだけであって。でも、言われたことをやっていると失敗する。

私もアメリカに行ったときにそう思ったのです。「アメリカのマーケットって、佐藤さん、黒じゃないと駄目だよ。今アメリカのファッションのおしゃれって、みんな黒しかないから」と。でも、うちの特長って、カラフルな色が入っていることなのです。でも、「黒をやれ」と言われたのです。要は、今マーケットにないのは、必要がないからないか、そういうのを誰も知らないからないか、どっちかだと。色ものが必要ないのだったらやっても売れないと思うのですけれども、「色ものを売るにはどうしたらいいのか」、あと、「アメリカのマーケットを見て、今マーケットの中で考えるとどうなんだろう」という目線で自分で考えると、いろんな考えとか発想が生まれると思うんですよね。

作っている人が、「誰かに言われた」、「本を見た」、私もアメリカのファッションビジネスの本を当時見たのです。今、思うんですけれども、全部は正しくないですね。いろんな先生とか研究者とかは正しいんです。だけども、何で正しくないかというと、俺には合ってないんです。私がやっているものには。自分がやろうとしているものを見ようとしたときには、自分の商品のマーケットのどこを目指して、どういう人に売るかということを自分でリサーチして考えていかないと。作るときは、自分の好きなものとか作りたいものを作るんです。そこから始まっていいと思うんですけれども、結局それを今度はビジネスに乗せるときの徹底的にリサーチをして、マーケットに入れるということが足りない。今まで日本の製造業に一番足りなかったのって、そこなんじゃないかなという気がします。

【川村】 ありがとうございました。

【西上（質問者）】 貴重なお話、ありがとうございました。資生堂で働いています西上と言います。質問が2点あります。今回のいろんな話を聞いていて、お客さまの視点を考えてものを作っているんだなということにすごく感動しました。

今、たとえばシャンプーだったら、有名なボタニストというブランドがあります。それは芸能人とかCMもやらずに売れた商品で、うちのツバキのシェアを超えているという、そういう会社はプロダクトを作る中で、ものを誰かに使ってもらって有名になっていきます。うちなんかは芸能人とかを起用しているのですけれども、それを世の中に広めるというようなアクションを起こしたのがどうかというところです。もしそれをしなくて、口コミだけでひたすら、大統領の奥さんが使ってくれる流れになったのかという、何でそれになるのかというところをお訊きしたいと思います。

【佐藤】ブランドの話ですが、日本では結構、アパレルさんは当時ファクトリーブランドってあまり歓迎されない時代だったので、一番最初、私の商品はアパレルさんに圧力をかけられたりとか、自分で売りに行ったら小売店さんから値段が高いと言われたりとかして、結局、日本で売るのをやめました。で、そのきっかけで18年前に自分のブランドを初めて発表したのはアメリカだったのです。

アメリカに行ったら結構、値段のことも言われる。変わった商品だというので反響があったけれども、結局このぐらいの価格帯のものを売ろうと思ったら、ちゃんとニューヨークコレクションの時期の大きな展示会に出さなきゃ駄目だ。そこに出そうと思ったら審査があって、そこに合格しないと出られない。当時、日本のすごく有名なブランドでも、その展示会に出ている人はまだいなくて、その審査を通るのは難しいと言われていたんですね。

「そこに出るとビジネスは広がるよ」みたいなことを言われていて、どうしようかと思ったときに、演出をしました。今でこそいろんなブース作って、VMD（ビジュアル・マーチャンダイジング）をやってたりするんですけれども、当時まだそんなことする人はいなかったもんですから。その次の展示会のときに、展示会の3日ぐらい前に入って、レンタカーを借りて、ずっとニューヨークの奥のほうの山に行って木を切ってきて、ブースにわあっと木の枝を這わせて、そこにセーターを並べて。

1回目行ったときに、「色は駄目だよ」と言われたんですね。「黒じゃないと。黒で、シャープで格好いいキャリアな女性の服が売れる」と言われたのです。そんなのをやってもうちは勝てないから、結局、色を売るにはどうするか、というところもあったので、日本から綿を持っていって、いろんな色のついている綿を木の枝に付けました。そのときにすごくナチュラルというものを、自然というものをイメージした演出をしたんです。私の中では「その辺のマーケットってあるんじゃないかな」と、それを商品で伝えることは無理なんですが、イメージで伝えることはできるということで、売場にすごく力を入れました。

当時は珍しかったから、それを見たテレビ局がうちに来ていただいた。FOX5という番組なんですけれども、うちのブース、結構人だかりになったんですね。人だかりになったから、人がばっと集まったから、テレビ局が来てテレビに出た。それをきっかけに、一気にエージェントが来るようになって、その最高ステータスの展示会に出られるようになった。出られるようになったら、逆に日本のお客さんがみんな来るようになって。（笑）

だから、芸能人に着せたりとかというのは、一つの方法としていい方法だと思うんですけれども、なかなかファッションの場合って難しいのです。逆に芸能人はお金になるか、それとも、要は高いステータスといわれるもの、誰かがそういっているものは着るんですけれども、今だったらどっちかというとスタイリストが力を持っています。

昔と一番違うのは、世界中のファッションを知っているスタイリストの言葉を、SNSで一般の消費者が見られる時代になってきています。そうなると、そういう人たちのコメントに世界が動かされたりするケースが非常に多くなってきたりするんですよね。その結果、スタイリストが自分でブランドをつくったりする時代になってきているんです。

要は、私たちが無名でも、売れちゃうとみんな人が集まってくる。だから、スタートするとき、その辺が非常にファッションの場合は難しい。どうやって話題を作るかというところが、一番難しい。私の場合は最初、要は自分たちの強みを生かして理解してもらうところでした。私のところで面白かったのは、テレビ通販で〝買えない環境〟をいかに作るかみたいなことでした。そのとき、テレビ通販では結構売れていたので力はあったから、「いっぱい作ってくれ」と。1回目やったら番組放映中に6割ぐらい売れたんですよ。

テレビ局に言われたのは、「佐藤さん、すごく売れましたね」と。私にしてみれば4割の在庫が残っているわけです。「これ、どうするんですか」と。「大丈夫です、セールとかで売れますから」と。「私のブランド、私の家内の名前を使って出しているブランドM.&KYOKO（エムアンドキョウコ）なので、いきなりセールにしたくないんです」と。という話から、結局セールをしないで、何回も出演させて売らせてもらったのです。

向こうからは、「この売れ方だと全然いけるので、もっと」と。「申し訳ないけれども、うちはこれ以上作れないです」と。で、結局同じボリュームでまた次もやったら、今度は7割が放映中に売れました。もちろん、先方からは「もっと作って売りましょう」と。「申し訳ないけれども」と。結局、全部売り切れちゃったんです。オバマ大統領のときに広がった経緯はあるんですけれども。そうしたら、なかなか買えないブランドになってくる。いかに、なかなか買えないブランドという環境を作るか、ということです。

今、需給バランスを調整するときに本当にそうなんですけれども、人って買えないとわかった途端にみんな欲しくなります。あえて多めには作りません。特にうちの中でも一番人気のあるアイテムとか、発注の仕方なんかもかなり面白いですよ。うちのパンツって人気があるんですけれども、パンツを売りたいときにはパンツが目立つ着せ方をするとともに、一番パンツの発注を少なくして、すぐ売り切れるようにします。今度もそうです。パンツがすぐ売り切れるんです。パンツが毎回すぐ売り切れると、「一回買ってみようかしら」ってなります。お店に行って、「今パンツが一番売れているようですけれど、ありますか?」って。

消費者心理って、買えないと思うと、欲しくなるのです。オバマ大統領の就任式直後、「夕刊キャッチアップ」という番組で、司会の方と電話で話しました。僕の顔もテレビに出たんですね。そのときに、一番面白いのは、放映後、何件も会社に電話の問い合わせが来たのです。

というのは、今までテレビ通販でうちの商品を買っている人もいっぱいいたのですが、それって、私がテレビに出ているときは売る人だから、売ろうと思ってしゃべっているわけです。ところが、買った人にしてみれば、ただテレビで販売している人なのに、それが実はすごい糸を作っている人ってわかった瞬間に、「私、この人、知ってるわよ。私の持っているあのセーター、この人のだから」と(笑)。私は前からこの人を知っていたという女性心理が働きます。そうしたら、その次の回のテレビ通販、もう全部なくなって、1時間の予定だったのが30分で終わっちゃって、あとは「帰ってください」と。

そうなってからは、テレビ通販からもオファーが来ますよね。それがもし商社だったら、売れるので在庫で持つのですけれども、うちはあえて、「申し訳ないですけれども作れません」といって、あえていつも断っています。その結果、今いくら売れているかというと、以前の倍ほど売れているんです。2万とか3万とか4万の商品を売っているブランドで、1時間にその数量を売るところはたぶんないと思います。長期に考えると、常に品薄にして、そんな消費者心理をついていくなんていうのも一つの方法じゃないかなと思います。

【西上】ありがとうございました。

【二宮（質問者）】本日はお話、ありがとうございました。ストライプインターナショナルというアパレルの会社に勤めております、二宮と申します。当社は低価格の商品を大量に作っているため、熱いお話を切ない思いで伺っていました。（笑）

海外との関わりという中で、欧米にかなり存在感を示されていると思うんですけれども、少し冒頭のお話でもあった、中国と今どんな関係性というか、いろんなお話が来ていたりすると思います。あるいは技術を狙われていたりというのもあるかと思うのですが、そのあたりをお伺いできますか。

【佐藤】実は、もっと中国の話を今日はしたかったんです。実は今から10年前ぐらいに、日本のアパレルが海外にかなり進出しようということになって、大手のアパレルさんたちと一緒に、私のブランドも中国のファッションマートというところで展示会をしたことがありました。当時、私はただ自分の商品を中国にも卸したい、マーケットが成長しているし、富裕層がいるからということで中国に行ったんですね。中国へ行って、いろんな人と話して、すごい、中国はすごい。どんどんどんどんマンションを造って、ショッピングセンターを造っている時代だったので。

話を聞いているうちに、中国というのはブランドとして出るしか、あり得ない。今、中国にあるブランドは工場自体が自分でものを作って出ているケースが多いので、基本的にブランドとして出るしかない。セレクトショップという構造は当時、中国になかったのです。それから、富裕層がどんどん増えて中国がどうなったかというと、結局、お金持ちがすごく多いものですから、お金持ちはヨーロッパに行って、高級ブランドを買う。

でも、傾向としては、見てわかるようなロゴがあるバッグが売れるんですね、当時は。そういうような傾向があったわけですけれども、そのうち、一般の人もどんどんどんどんお金持ちになってきて、人民元も強くなってきて、ちょっとお金を持つとみんなすぐ買えるようになって。おまけに今度はヨーロッパのブランドが中国に店を出すようになって。要は高級ブランドも一般化されてきて、日本と全く同じ段階を通ってきているわけです。

一般の人もそういうブランドが持てるようになると、お金持ちとかファッションリーダーはそういうものを着たくなくなるんですね。それで、3年前ぐらいから中国にセレクトショップが突然、出始めたんです。これは本当にものすごく感じるのですけれども、私もアメリカとヨーロッパに行って、全然日本人と洋服が違うのは、日本の洋服って可愛らしさがあるんですよ。アメリカとヨーロッパの洋服というのはエレガントでセクシーなんですよ。

というのは、女性が洋服を着るときに、誰のためにおしゃれをするかというと、ヨーロッパとかアメリカというのは、基本的に男性に見てもらうため。セクシーであったり、男性好みの洋服を作るのが基本なのです。けれども、日本の女性は誰に一番褒められたいかというと、おしゃれなかわいい女の人なのです。だから、可愛いのが一番好きなのは、女性目線で、女性に褒めてもらえるからです。男性や彼氏に洋服を褒めてもらえればそれはうれしいと思うのですけれども、それ以上に女性が、「あの人、素敵よね、可愛いね、あの洋服かわいいね」と言われるのが一番うれしいという、そういう可愛らしさみたいなのが求められます。

実は今まで中国はどちらかというと、ヨーロッパのブランドを追いかけてきていたのですけれども、日本の感覚がすごく好きです。これは中国だけじゃなくて台湾もそうだし、アジアもそういうようなところがあるんですけれども、そういう可愛らしさとか、ピンクとかそういう、ピンクはヨーロッパ人も好きですけれども、可愛らしいもの、そういったテイストが入っているもの、そこら辺が中国のセレクトショップが今、一番セレクトして中心に置いているもので、それって、日本のブランドです。

今、中国の展示会には日本のメーカー、日本のブランド10社ぐらいと一緒に出展しているんですけれども、これで2回目です。中国とか香港もすごくアバンギャルドで斬新な商品を出しているデザイナーがかなり増えています。今のデザイナーの年代の人たちって、子どものころ感度の高いものを見てきてなくて、マーケットにヨーロッパのブランドしかなかった時代なので。一方、今の日本人のクリエーターって、ずば抜けて感性があると思うんです。だけど、なかなかそれを評価してもらえていないところがあると思います。

子どものころからすごく良い洋服をよく見てきて、今の日本人のデザイナー、今の20代、30代、40代ぐらいの人ってそのベースがあるので、ちょっと変わったデザインの中に、品の良さとか感度とか可愛らしさみたいなものがちゃんと入っていると思うんです。そういうところがセレクトショップのいい洋服を着ている人たちって結構わかっているので。それは日本のブランドに興味を持って、そういったものを入れ始めているというところがすごくあるような気がします。

今から10年前って、糸のマーケットとして、どことビジネスしたいかというと一番はアメリカでした。間違いなく。ロットが桁違いですから。2番目は日本なんです。付加価値がとれるから。それなりにロットもあるし。3番目にヨーロッパだったのですが、今どこと一番商売したいか。それは中国です。いつ切っても、止めてもいいのは日本です。ロットがめちゃめちゃ少なくなっているので。2番目はどこかというと、アメリカ。一番おいしいのは内需です。今はもう、完全にそうなっています。今回のうちの一番高い糸、どこ用かというと、中国の内需向けです。中国のブランド、すごいブランドが今いっぱいあります。

一昨日まで中国に行っていたのですけれども、5年ぐらい前まで中国でデザイナーブランドとして有名だったブランドのニットを見たとき、このレベルのニットを開発できる会社は日本にもヨーロッパにもないなというテキスタイルを中国の工場で作っているんです。結構ショックでした。やっぱりレベルが上がってきて、素材も面白いものを使うようになってきている。これからは感性もかなり上がってくるし、中国のマーケットは相当大変になります。

あともう一つ、中国に行って、私もビジネスをやっているから、日本人との一番大きな違いがわかりました。日本のメーカーさんって、どんどん元が高くなっていますが安く作らないとまずいので、結局いつ発注しなくちゃいけないかというと、2月とかに発注させられたんです。私、今回、中国で初めてわかったのは、中国の糸の発注って6月なんですよ。「ええっ？　6月？　それから作って間に合うの」と思うわけです。私たちにしてみれば、SPA（編注：製造小売り。企画から製造、小売までを一貫して行うアパレルのビジネスモデル）のアパレルでさえも4月ぐらいからスタートしているわけです。6月からスタートして、6月に一括注文して、「本番は9月です」って言うんです。

いつからっていうと、それはリーマンショックのときなんですよね。リーマンショックで手をばあっと広げて、ニット工場までが自分のブランドを作ったときに在庫が増えてものすごく苦労したわけです。そこから、自分の国の自分の商売は全部SPAなんです。SPAの一番の欠点は何かというと、閑散期に仕事がないことです。その時期に注文を出させるのは、だからしょうがなく日本と付き合って、となるわけです、ほとんど。その時期に数をまとめるなら発注してもいいよというような状態が中国なので、結局うちも「6月に発注して、9月に本番、その5倍ぐらいの発注したら作れますか」って言うから、「それは俺のところでは無理だろう」と。そういうところが今ネックになってきているのです。

もう一つ、何で9月がいいかというと、9月から売り出して、10月とか11月に納品というのは、一番売れるのは1月だからです。旧正月で。中国って上代がコストの10倍なんです。原価率が一番高いのは日本ですね。日本は3割引きがプロパーみたいな感じなんですよね。最終的には上代自体がかなりいい加減で。要は月一回ぐらい何かにつけてセールをしているので。それで、日本だと11月後半ぐらいから12月になるとセール待ちという状態なのですけれども、基本的には、その前から3割ぐらい値引きして。中国は、1月の旧正月がメーンになっているんで、11月に店頭出てもまだ全然ある。

追いかけ、追いかけ、追いかけて作っていけるので、その辺がやっぱり違います。ユニクロは、中国でもすごく売れているんですけれども、中国では輸出コストが入っても、関税が入っていないにもかかわらず、上代が一番高いんです。それでも売れまくっている。中国人が日本に来て中国製のユニクロを買います。ユニクロは日本が一番安いので、日本に来ても、やはり買うようです。中国では買えなくて日本で買うなんていう人もいる。何かそんな現象さえ、今起きているようなところがあります。

【長沢】せっかく用意していただいたDVDがあるので、いかがでしょうか。

【佐藤】そうですね。ちょっと今回、いろんなところとコラボレーションしています。世界ではLVとシュプリーム〔Supreme〕とか、いろんなコラボレーションが今あると思うんですけれども、たとえばスポーツブランドが相当変わってきています。この前アメリカへ行ったときも、デニムブランドに、うちでやっているスポーツの商品を見せたら反響がありました。そこで今、ラグ&ボーン〔rag & bone〕というブランドはうちの糸を使ってくれてます。

デニムに代わるものが何か欲しい。それはあり得るとするとスポーツなんですよね。で、スポーツがファッションに来て、ファッションがスポーツ寄りに行っている。だけど、そういう商品によって境界はあまりなくなっているのです。

今回すごく興味を持たれたり、また、ノースフェイス〔The Northface〕というブランドがジュンヤワタナベ〔JUNYA WATANABE COMME des GARÇONS〕とコラボしたり、パリコレではサカイ〔SAKAÏ〕とノースフェイスのコラボとか、いろんなコラボが出てきているように、スポーツをもっとファッションにという方向に進んでいる。スポーツはさらに可能性がありますね。

うちでは「グローブフィット」という立体のシームレスニットというものを、ノースフェイスと共同開発をしているんです。ちょっとDVDをかけてくれる？　これはノースフェイスと春頃から一緒にコラボしている3Dのニットです。他の大きなスポーツメーカーとも同じようなことをやろうとしているのですが、まだ生産のベースが作れていません。

今までノースフェイスだと、ゴアテックスが一番撥水がよかったのですけれども、そこのところでグローブフィットという、また新しい技術ができました。どちらかというと、ノースフェイスだともっと自然の中の、すごく格好いい映像が多いのですけれども、今回は珍しく作り手サイドと組んでやるというような映像になっています。

（※DVD再生により中断）

今まで無縫製で、最新のニットの機械を使って立体の商品って確かにあったのですけれども、無縫製の商品というのは結び目にデメリットが結構あるんです。そのデメリットというのは、切れてしまうとどうしても足せないということです。今回のグローブフィットというのは、立体に編みながら、さらに編み方を変えることによって、編地としての機能性と立体を全部融合してきれいなシルエットを作る。ストレッチのあるものにおいて、そこにミシンが入っていないということは、編地と全く同じ伸びを、すべての伸びが体と同じように対応してくれる、限りなく皮膚に近い洋服です。

ニットを少し広げながらいろんな形状とか作れるので。透かしを多くしたり、機能に合わせた編み方ができる。今までのファッション業界、スポーツ業界に全くなかったものだと思います。私たちものづくりをしていたので、すごく重要なのは、今までにないものの歴史を作る、今まで誰も作れないものを新しく作っていく。そのことによって新しいもの、新しい洋服というのが生まれる。それが今回のコラボのヒットだと思います。

出来上がった製品が完全に立体になっています。だから、すごく脱ぎやすくなっているとか、通気性があったりします。通常のニットウェアのように、前身頃、後身頃、袖といったパーツを別々に編成して縫い合わせて作るのではなくて、一着まるごと編み機から直接、完全な立体で出てきます。ホールガーメント（編注：無縫製。縫い目ができない編み方。株式会社島精機製作所の登録商標）商品は、自社ブランドでも普通に、作っている商品でして、上代で今2万5000円ぐらい、消費税を入れても3万円弱ぐらいになります。

このグローブフィットに関しては、セーターを一気に、1コースごと全部編んでいます。ジャージって安く作るためにジャージの機械が一気に10センチとか20センチとか作れるようになっているのですが、1コースごと編んでいくニットって一番高級なわけです。さらに、1コースごと編んで、形を全部うつしていく。要は究極ですから、実は無縫製って高いんです。本当だったらこれは高価なものという考え方ができます。今回、春ものの半そでのニットで7000円ぐらいになります。カットソーのほうが高い値段です。パーカーで1万4000円、1万5000円ぐらいの価格帯になります。

なぜかというと、実はその機械をうちで買って、すごく変わった商品を自分のブランドで作っていますが、何年か前に、うちに超大手スーパーさんが、「日本のものづくりをしたい」と来たのです。「日本製。うちは無理です。うちの出し値がよっぽどその上代より高いから」と話をしたんです。そこで、「今、全く使っていない、動いていない無縫製の機械はないか」と。たまたまそれに注文が入っていない機械があって、3、4カ月仕事がないという状態だったので、「これだったらいいですよ、止めておくんだから。加工賃取らないで通常の半分以下の値段ですけれども、全然回っていないので、しょうがないから」と、通常のコストの40%ぐらいの値段でやったんです。

うちの今の機械はほとんどそうなんですけれども、特殊なものを作っているので、無縫製の機械って、すべての機械で注文は取れるんですけれども、稼働率がだいたい20%弱な

写真8　佐藤繊維のホールガーメント工場

んです。年間通すともっと低いですからね。回っているときでも20％ぐらいです。そこで、数千万の、うちの3カ月分ぐらいの仕事をいただいて機械を回したのです。そうしたら稼働率が70％ぐらいになったのです。ということは、どういうことかというと、通常の値段の3分の1でも儲かるということです。

そのとき思ったんです。無縫製の機械って、徹底して枚数とコストダウンをして、全く人の手が入らない機種にしろって言って入れたのですけれども、ミシンが一つも入っていないんです。今、生産の99％が海外へ行っています。今、中国が無縫製に躍起になって作り始めているんです。うちは結構早くからやっているので、ソフトでは世界でどこにも負けない技術力があります。この機械を工場としてやっているのですけれども、どのぐらい差があるのかなって思います。今はまだ全部借金がある機械だから、それぞれの借金がなくなってくると、ものをどこまでコストを下げて作れるのかなという可能性もある。おまけに日本で。

というのは、アパレルさんの状況って、かなり廃棄している商品があると思うのです。今、何で廃棄しなくちゃいけないかというと、安く作るために原価率を下げるからです。私はこういう話をいろんな商社さんに機会があると話すわけです。「日本の大手と大口商売したいから、紹介してくれ、これだけの規模でやっているのはないか」って、大手にみんな話しにいったんです。こういうときは商社と一緒に組むしかないし、日本のファッションの商社には一通り全部に話したわけです。そう言ったのですけれども、具体的なビジネスにはなっていないです。

というのは、なぜかというと、今アパレルの経営陣って、優秀な人材とか一番メーンになっている経営取締役というのはほとんど企画サイドじゃなくて、商品じゃなくて、生産じゃなくて、店頭の売上とか、お店の作り方とか、PRとかブランディングとかのほうにいっていた人が多いようです。それでは、企画の人間は何を言うかというと、原価率を、前だったら25%にしよう。今20%、今は大手の量販店は17%にしようと。

何で17％なのかというと、プロパー消化率（編注：値引きせずに定価で売れた割合）はいろいろブランドによって差はあると思うのですけれども、大手量販店の場合、プロパー消化率はだいたい30％、40％ぐらいだと思うんです。そして、若干セールをして売っている部分、これはかなり大きくて40％ぐらいだと思います。残りの20％、これは廃棄していると思うんですよ。相当廃棄しています。そういう廃棄されたものは、昔だったら廃棄といっても段ボール1個で、その1個で1000円だったのに、今段ボール1個で100円とか、ただで持って行ってくれという時代にもなってきています。

経営というのはトータルで見るので、廃棄している分を見込んで原価率17％にしていると合わなくなるわけです。もっと分析して細かく分けると、中国で一番ベーシックで、一番数売れる普通のハイネックのセーターとか、今年だったらリブ編みのセーターとかを中国で作ると、これは間違いなくトレンドで売れるわけ。だったら、中国で安くするには、2月か3月に発注して売る。2月は必ず中国は品薄で煩雑のものしかないので、そのとき発注して、数出してくれれば作りますよって言わせて発注するわけです。

ところが、その発注するに当たって、数をまとめられるものというのは、一番売れるものではなくて、今だったら、セールでも一番売りやすいリブのセーターとかにしちゃうのです。それを2月に発注して数を一番ばあっと増やします。デザイン物というのは、そのとき発注できるかと言ったら発注できない。そういうものはコストが高くなっても後を引っ張るわけです。トレンドのあるものって、売れるか否かのジャッジができないから早めに発注ができないです、今。すごく難しくなっているのは、トレンドの新しいものが出てきていないので、今まで売れているものを作るという体制が日本のファッション業界です。それぞれSPAとかお店を持っている会社はみんなそういう体制になっちゃっている。

自分のところですでに売れているものを探して、何か人気のものということで、みんな同じことをやっているから、結局売れるものが生まれてこない状態になってきているのです。それで、シーズンが進んでいくうちに、3月、4月、会議をしながら、何だかんだと言いながらも、なかなか実際に発注できる状態になっていない。今うちにオーダーが来ているあるものは、無縫製の商品でちょっと面白いので、デザインも含めうちがやりましょう、これで溜めて、無理やり溜めて、300枚発注をもらったのです。

300、6月の頭に発注してもらって、それから3週間後、もう1回発注するという。「ごめんなさい、この前の300枚を1000枚に増やしてください」ってきたんです。それは、私に言わせれば、他にやるものがないんだと思うんです。そんなデザイン物を狙って、国内のホールガーメント会社に今すごい資本が入っています（編注：たとえば、「ユニクロ」を展開する株式会社ファーストリテイリングが株式会社島精機製作所と合弁会社を2016年に設立した）。それで、9月で売れたらすぐ追加発注、追加発注。この前も、あるアパレルの輸出の商品で、先行発注300枚で、最終売った数が1万枚。この1万枚って、まれに見るヒットだったと思うんですけれども。

その商品って、ほとんどプロパーだと思うんですよ。300枚作って、原価率20％で作って、売り切れて、そのときたとえばデザインも10型です。5型は、300枚といってもそれなりに売れて、200枚売れたものもあるし、ちょっと足りないかなぐらいで終わったものもあって。今から追加すると100枚では中途半端になるし、売れるかどうかわからないので300枚追加するかどうか。だけれども、やってみれば案外売れるかも。もうあと500枚追加して。で、追加して、1カ月後、2か月後に500枚入ってくる。そういう性格ですから「売れているし、もっといったほうがいい」と。もう200枚追加して、もう300枚追加して、と。結構、日本ブランドもきているんです。結果的に1000枚。

その商品ってどれだけ儲けているのかなと。ロスがほとんどないです。ほとんどプロパーですから。20％で仕入れて、100で売って、80％の粗利があって。セールを少しぐ

写真9　受講者と記念撮影

らいすれば、廃棄はほとんどない。というのだと、海外で作っているものと国内で作っているものを分けて考えると、国内の比率をもっと上げたほうがよいのではないか。でも、その分析が実はしっかりできていない。そういうグロスで見ているので、ほとんどのブランドがたぶんそうだと思うんです。なぜかというと、数字をトータルで見ているので、「もっと原価を下げるしかない、下げるしかない」って、そんなことでよりチープなものになっていって、面白いものを作らなくなってしまう。

結局1000枚作ったものが9月に店頭に並んでいたけれども、1000枚がっつり売るつもりでいるけれども、新しいものをやっていない会社、面白いものをできない会社はずっとそれを並べて、お店が新しくなるか、面白い店になるかというと、なっていかないのですよね。より店頭にパワーがなくなって、ブランドとしての力がなくなってくるというように、すごく悪循環で回っています。今すごくアパレルさんが大きく見直す転機の一つでもあるのかなと思うのです。

【長沢】はい、どうもありがとうございました。もう止まらないという感じですけれども（笑）、最後にちょっと特権で私が一つお訊きしたい。要するに、佐藤繊維らしさって何でしょうか？

【佐藤】私の会社が今作っている糸も、アパレルビジネスもですけれども、流行を追いかける、ビジネスとして流行を追いかけるんではなくて、自分だからできるものづくり、自分だからできる山形でのものづくり、環境も含めて、自分のところであるからできる、要は自分だからできるビジネスをやっているというところが佐藤繊維だなと思います。

【長沢】ありがとうございます。やっぱり訊いてよかった。（笑）

はい、では大幅に予定時刻を超過してしまいましたが、感動しました。（一同、頷く）

今日は佐藤繊維の佐藤正樹社長をお迎えいたしました。どうもありがとうございました。（拍手）

編者

長沢　伸也（ながさわ　しんや）

1955年　新潟市生まれ。

早稲田大学大学院商学研究科博士後期課程商学専攻マーケティング・国際ビジネス専修および経営管理研究科（早稲田大学ビジネススクール）教授。早稲田大学ラグジュアリーブランディング研究所所長。仏ESSECビジネススクール・パリ政治学院客員教授などを歴任。工学博士（早稲田大学）。専門はデザイン＆ブランドイノベーション・マネジメント、環境ビジネス。

主な著書に、『銀座の会社の感性マーケティング』（共編、同友館、2018年）、『ホンダらしさとワイガヤ』（編、同友館、2016年）、『高くても売れるブランドをつくる！―日本発、ラグジュアリーブランドへの挑戦―』（単著、同友館、2015年）、『アミューズメントの感性マーケティング』（編、同友館、2015年）、『ジャパン・ブランドの創造』（編、同友館、2014年）、『感性マーケティングの実践』（編、同友館、2013年）、『京友禅「千總」450年のブランド・イノベーション』（編、同友館、2010年）、『老舗ブランド企業の経験価値創造』（共著、同友館、2006年）、『ラグジュアリーブランディングの実際』（編著、海文堂出版、2018年）、『日本の“こだわり”が世界を魅了する』（編著、海文堂出版、2017年）、『グッチの戦略』（編著、東洋経済新報社、2014年）、『シャネルの戦略』（編著、東洋経済新報社、2010年）、『ルイ・ヴィトンの法則』（編著、東洋経済新報社、2007年）ほか多数。

訳書に『カプフェレ教授のラグジュアリー論』（監訳、同友館、2017年）、『ファッション＆ラグジュアリー企業のマネジメント』（共監訳、東洋経済新報社、2013年）、『ラグジュアリー戦略』（東洋経済新報社、2011年）などがある。

執筆協力者（講演者、掲載順、敬称略）

勝沼醸造株式会社 代表取締役社長　有賀雄二
朝日酒造株式会社 代表取締役社長　細田 康
オリエンタルカーペット株式会社 代表取締役社長　渡辺博明
佐藤繊維株式会社 代表取締役社長　佐藤正樹

2019年1月25日　第1刷発行

地場ものづくりブランドの感性マーケティング
——山梨・勝沼醸造、新潟・朝日酒造、
山形・オリエンタルカーペット、山形・佐藤繊維——

発行者　脇　坂　康　弘

〒113-0033　東京都文京区本郷3-38-1
発行所　株式会社同友館
TEL. 03(3813)3966
FAX. 03(3818)2774
URL　https://www.doyukan.co.jp/

乱丁・落丁はお取替えいたします。　三美印刷／松村製本所
ISBN 978-4-496-05399-3　Printed in Japan